輝く人・輝く宿が日本を元気にする

磨き合う旅館甲子園

桑原[illegible]介 著

言視舎

はじめに

旅館で働く人たちにスポットを当て、旅館を元気にし、日本を元気にする大会、「旅館甲子園」の意味を掘り下げ、旅館が本質的に持っている使命、存在意味を明らかにしていく。そんな意味から旅館甲子園の出版の話は始まっていきました。

旅館甲子園の意味を掘り下げるためには、まず第1にこの大会を立ち上げようとした人たちの発想はどこにあったのか、全旅連青年部という組織はその発想にどう応えていったのか、そして実際その大会はどのように実現されたのかを第1章で明らかにしました。

第2に、選抜されて大会壇上に上がってパフォーマンスを繰り広げたファイナリストの旅館を訪ね、代表者、壇上に上がった人たちに直接お会いし、その意図、志、成果をお聞きし、それをドキュメンタリーに表現して生の声としてお届けしようとしました。これが第2章です。

そして第3に、そのファイナリストたちの志、成果をいくつかの項目に整理し、旅館経営に普遍的な課題となる問題点を掘り下げる作業を第3章で行ない、旅館甲子園の存在する意味を明らかにしていきました。

令和2年の春、ちょうど季節が移り変わろうとしていたときでした。全ファイナリストの取材を終え、原稿も第1章から第3章へと進み、後は前文、あとがきを残すのみになっていました。

そんな時、新型コロナウイルスが世界を覆い、人類をこれまでにない恐怖に陥れていきました。日本も例外ではなく、欧米のようなロックダウンは避けられたとはいえ、首都圏、大阪、北海道などで感染者が増え続け、医療体制の不十分さも相まってついに非常事態宣言の下で人々は自粛を強いられ、自宅にこもってしまいました。

世界的な霊長学者で京大の総長になった山極壽一氏が言うように、人間らしさの要素となる集うこと、移動することがコロナによって危機を迎え、一切が禁じられていきました。

これまで集うこと、移動することに場を提供し、人々に喜びと明日への希望を提供してきた外食産業、旅館業は、コロナという新型感染症の直接的な影響を受けて、お客様の受け入れが拒絶され大打撃をこうむりました。

国による経済支援はある程度あったとしても、休業を余儀なくされていった旅館業は、この人類史的な出来事を厳粛に受け止めざるを得ませんでした。

村上春樹はFMラジオをとおして自宅で閉じ込められてしまった人々の心を癒そうと、彼の優れた音楽知識と類まれなる想像力で、心に染み入る素敵な音楽を流してくれました。番組終盤彼は「善と悪、敵と味方の対立ではなく、どれだけ知恵を絞り、助け合えるかという試練の場」「殺し合う力の戦いではなく、生かしあう知恵の戦い」と語っていました。

今人々の心は、大震災など自然災害で被った心的外傷ストレス症候群(PTSD)とは異なったものを背負って、アフターコロナのほうにとぼとぼと歩み始めています。マインドは萎縮したまま、こわごわと周囲を猜疑心で見まわしながらですが。

ソーシャルディスタンスで、集いと移動が人間にとって何なのかを改めて知ったネット社会の人びとは、リアルな集い、リアルな移動＝旅行に、心の癒しを求めて徐々に動き始めようとしています。それにどうこたえていくかが問われています。

政府や専門家の言う「新しい生活様式」は「密」を避ける技術論。それも大事ですがもっと大切なことはソーシャルディスタンス、自粛でもたらされた心の傷のことです。それは大震災の時のそれとは違った性質の心の傷でしょう。特に「一体感を基礎とした人間関係」（河合隼雄『日本人の心のゆくえ』）を重視する日本人にとって、コロナ問題でその人間関係を断たれた傷はおおきいと思われます。

私はこの本の中で、旅館甲子園の意味をそこで働く人たちが「共に学び共に成長し」、最高の成果を探し出すために「共に勝つ」競い合いをするところに求めました。

その思想的バックボーンは「共に」にあるということも述べました。

それによって各旅館で形成される特有の社風、家風にそれが昇華されていったとき、宿泊客は深い、深い心の癒しを得ていくと結論しています。

私はファイナリストの取材から得たそのことが、コロナ禍で傷ついた人々を、その根底から癒すことにつながっていくのだと断言したいと思います。

県外移動が可能になり、旅行、宿泊気分が自然に高まるのを待つのではなく、「私たちがあなた方を引き受けます」というオフェンシブな提案をしていく時期ではないでしょうか。

全旅連青年部、旅館甲子園実行部隊が共に烽火(のろし)を上げる時です。

この本はその時の武器になるだろうと確信します。

本書の内容はコロナ以前に書き上げたものですが、コロナの後遺症を持つ今でも、その内容の持つ重みは変わりません。いやむしろアフターコロナでその真価が発揮されると考えます。

第3章で取り上げたインバウンド問題は、いかにこれに対応するかという本質は変わりません。ただ、国をあげて「観光立国日本」の目玉として押せ押せムードだったインバウンド消費が、コロナで一瞬のうちに消えてなくなったという事実を考える時、情勢分析のところは消去することも考えました。しかし、回復の遅れは予想されるものの、当該旅館のインバウンド対策奮戦記の意味は、必ず生きてくるときがあると考えますので、「コロナ以前」の内容も、あえてそのままにしています。

なお、本文中敬称は省略させていただきました。

目次

第1章　旅館甲子園が立ち上がる

第１回グランプリは青根温泉「流辿別邸　観山聴月」

3人の居酒屋談義からそれは始まった

２００７年の第2回居酒屋甲子園を見ての帰り、会場で受けた興奮を冷ますつもりで3人はＪＲ浜松町駅近くの居酒屋でビールを酌み交わしながらほっと一息ついていた。

その3人とは**高知「土佐御苑」の横山公大、四万温泉「佳元旅館」の田村佳之、千葉養老温泉「滝見苑」の富沢真実**。

居酒屋甲子園ファウンダーの大嶋啓介から誘われた横山が、青年部に設けられていた「宿魅力伝承委員会」の中心メンバーの田村委員長、富沢副委員長を居酒屋甲子園大会に連れ出したという経緯であった。

居酒屋甲子園の5店舗のプレゼンテーションを評価しながら、彼らのエネルギーがどこから来るのかの話に及び、やがて旅館業の中でも甲子園がやれないものかという話が飛び出した。横山が口火を切った。

半ば酔いながらの話であったが、横山はだんだん本気になり始めている自分に気が付いていた。「居酒屋と比べて旅館業の接客時間は長い。接客勝負では負けるわけにはいかない」という業界人の意地が働いていた。

「尊敬する大嶋の後についていこう」という気持ちもそれを支えていた。

それまでも大嶋にはかわいがってもらっていた。

横山30歳前後の時に、大嶋啓介が講演のため高知にやってくるという話を聞いた。その前から彼のことは噂で耳にしていたので、これは彼に会ういいチャンスだと思った。

高知県の副知事が「どうも高知の若者は元気がない」と言い出し、若者を元気にするやつを呼ぼうということで高知市が大嶋を呼ぶことになった。

その大嶋がよさこい祭りに合わせて下見に来た時に、横山は彼に会いに行った。

「自分は旅館をやっているので風呂に入りに来てください」と声をかけた。

人を一瞬のうちに見抜く能力を持つ大嶋に横山は気に入れられてしまった。

その場で大嶋から「講演会は500人ぐらい来るから、司会をやってくれ」といわれ、横山は「やります」と即答した。もともと横山は宴会が大好きな男。

大嶋の朝礼DVDを研究してから、当日大嶋顔負けの〝朝礼風〟司会をやってのけ、会場を大いに盛り上げた。大嶋から「いろいろ講演会をやって来たが、司会者が私の前で大うけするのは初めてだ」と皮肉られながら、それ以降「高知におもろい奴がおるぞ」と評価され、横山は大嶋に何かと呼びつけられかわいがられる関係になっていった。

そんな縁もあって横山は、何としても大嶋の想いを引き継ぎ、〝旅館甲子園〟をやって見せようという気になっていった。

青年部部長選に立候補

居酒屋甲子園は、エントリーをすると覆面調査を2回受け、高得点の上位20％が3回目の覆面調査の権利を取得する。そうやって選ばれた店舗が地方大会でプレゼンテーションして地方の優勝を競う。その優勝者が厳正な審査を経て、5店舗に絞られ大会のファイナリストになっていく。エントリーした約1800店舗が下から這い上がって日本一を目指すのでエネルギーが半端ではない。したがって最後に壇上に上がりプレゼンテーションする店舗は全国の居酒屋人の学びの手本になっていく。

横山は迷った。旅館甲子園をどうつくるか。自分は全旅連青年部の一人として活動してきた。高知県の青年部長も体験してきた。したがって居酒屋甲子園のように無の状態で下から組織化していく方法は考えにくかった。既に組織がある。この全旅連青年部が甲子園をやれるようにすればいいのでは、と横山は考えた。

後に居酒屋甲子園同様にNPO法人旅館甲子園を全旅連とは切り離してつくり上げたほうがよかったかも、という感想を抱くようになるが、当時はそのような結果は見通せなかった。

バブル崩壊を機に団体旅行がほとんどなくなり、個人旅行も多様化し、そのあおりで旅館の数も激減している。地方には人が少なくなり、それが人手不足につながっている。「働き方改革」の波もおし寄せている。そのような難しくなる環境をどのように打開していくか。

田村佳之氏

横山公大氏

富沢真実氏

「宿は人なり」という旅館の持つ伝統文化を進化させ、時代の空気を読み、現代のお客の感動をつくりだす。それを実践した成功事例を皆で学び、共有して全国の旅館が元気になっていく。全旅連青年部のその想いは、基本的には居酒屋甲子園が目指しているものと同じになる。

そう判断した横山はそのためにも青年部のトップになろうと決意した。

横山は32歳から34歳まで全旅連青年部副部長を二期務めあげた。若い彼が2000人近い組織をまとめるのは容易ではない。しかし温めていた旅館甲子園構想が彼を突き動かし続けた。

2011年。やがて青年部長選挙の時が来た。史上初の選挙である。彼の公約はもちろん旅館甲子園の開催。しかし青年部の中にまだ旅館甲子園のイメージも伝わっていない。「居酒屋甲子園の回し者では」と陰口をたたく者もいた。

全旅連という組織そのものは厚労省の管轄下にあってどちらかというとピラミッド型のお堅い組織である。青年部といえどもその影響下にある。

横山が働く人たちを輝かせる大切な大会だといっても全員が納得したわけではない。反対するものが多かった。そんな中での決選投票だった。

47都道府県で1票ずつの投票では横山が24票、反対派が22票、白紙1票という僅差で横山が20代青年部長になった。

それは旅館甲子園が蠢動する瞬間であった。

実行部隊がつくられ動き出した

公約通り横山は旅館甲子園開催を明らかにし、実行に移していった。

実行部隊のトップは副部長を務めていた田村佳之。この人以外はいないと判断した横山は田村にその大役を頼み込んだ。

横山は田村に「自分は夢を語る人、君は夢をかなえる人」と言っていたそうである。

田村は四万温泉で父親と一緒に八室の「佳元旅館」を立ち上げた。研究熱心で他の旅館を勉強したりして素晴らしい宿に育て上げた努力家。今では草津温泉に「湯畑の宿佳乃や」も経営している。友達づくりがうまい人で地元の四万温泉でも彼を慕う若い経営者は多い。

そんな性格だから青年部でもいつの間にか中心に据え置かれ、何かと頼りにされる人物になっていった。組織づくりの面ではどちらかというとタテ関係を重視するほうで、力技でぐいぐいと引っ張っていくタイプ。しかし引っ張られていく人たちも田村と一緒に活動ができることに喜びを感じていた。親子、兄弟に似た〝血の交わり〟を確認しあっていたというから田村をめぐる組織の熱量は半端ではなかった。

その田村に頼み込んで旅館甲子園の中心軸に持ってきたというのは横山のキャスティング能力の凄いところだ。田村も「適材適所に人を配置していくのがうまい人、バランス感覚がいい」と横山を高く評価していた。

そうやって田村を実行委員長とする旅館甲子園実行委員会が形成された。

この田村もキャスティングにおいては横山とはまた違った能力を発揮していく。

例えば自分の旅館が経営難に陥り、四苦八苦していた妙高高原赤倉温泉の荻野光貴に「おまえ委員長をやれ」と厳命。「大震災の影響で経営がくるしい。それどころではないですよ」と断った荻野に、田村は「みんな苦しいのだ、おまえ孝夫を見てみろ」といって強引に引き受けさせた。荻野が田村に指名されたのは旅館甲子園実行委員会を担うドリーム旅館プロジェクト委員会の委員長のことだ。ここでいう孝夫とは後に模擬旅館甲子園で壇上に出て熱い想いを語った片岡孝夫のこと。

ちなみに荻野光貴は「ホテル秀山　七つの扉」を閉鎖後、2016年豊田市観光協会に招かれ「一般社団法人ツーリズムとよた」を立ち上げ、事務長として活躍。2019年には中部北陸9県の官民が連携して観光地経営に取り組む「一般社団法人中央日本総合観光機構」の常務理事兼事務局長の要職についている。

田村を支える実行委員事務局は「ドリーム旅館プロジェクト委員会」が担い総勢13名。

また動員と実行委員会サポートには「夢未来創造委員会」が担い総勢12名。

この総勢25人のメンバーがエントリー施設の募集や、スポンサー企業の協力金集めに駆けずり回っていった。皆この初めての試みに不安を持ちながら、旅館の未来に新しい地平が開かれるのではないかと胸の高まりを感じていた。どんどん熱くなっていった。

委員は全国津々浦々から集まる人たちだが、出席率はいつも九割以上だったという。

しかし彼らの活動はなかなか進捗しなかった。

エントリー施設を募集するのが一番大変だった。そもそも旅館甲子園とは何かの説明から始めなければならない。説明するほうもその理念、大会イメージもまだあいまいだ。

一応理解してくれたところでも「旅館の営業を休むわけにはいかないなあ」といって躊躇。休日の習慣がないこれまでの旅館経営の習慣からすると、説明するほうも、「それはそうだけど」と腰が引けてしまっていた。

休んでも大会に出場する意味があると思う施設が現れだしたのは、第一回大会が終わった後のことである。

居酒屋甲子園との交流によって、今の立ち位置を少しでも明確にしようという努力も重ねられていった。旅館は客室稼働率が重視され、居酒屋は客席回転率が重視されるという違いはあっても、顧客満足、従業員満足のあり方は同じであることを確認しあったりもしていった。

それにしてもエントリー施設をどう集めるか、依然めどが立っていない。

熱く語り合っていた委員会のメンバーは「イメージがわかないならば、イメージがわいてくる手段を取ろう。それには模擬旅館甲子園を実現して、それを演じて見せ、ビデオにして行く先々で見せればいい」という結論を出した。

実行委員会の中で旅館甲子園にふさわしい三施設を選んで先陣を切ってもらおうということになり、人選に入った。

模擬旅館甲子園で盛り上がる

親の元で経営にかかわっている直系の人の話ではドラマ性に欠ける。親族の旅館を引き継ぐことになって全く新しい切り口で旅館を再興している人とか、直系でも全く異なった切り口を導入して旅館を活性化させていった人とか、両親の他界後、多額の借金を背負って引き継がざるを得ず奮闘している人を選んで、その想いと実績を語ってもらうほうがドラマティックだし学びがある、ということで三人が選ばれた。

新潟・奥湯沢「貝掛温泉」　長谷川智丈
京都・南禅寺「八千代」　中西敏之
那須高原「山水閣」　片岡孝夫

時は2012（平成24）年9月。全旅連青年部の沖縄大会の会場。

7つの委員会がすべてスクール形式の勉強会をしている同じ会場、同じ時間帯で開催。200名が集まった。他の委員会の会場は空席が目立ち、入場者集めに躍起になっていたのに模擬旅館甲子園の会場は満席。それ以上の席はつくってくれなかった。

「やり過ぎだ」というやっかみの声も聞こえた。

しかもこの200名には青年部OBや親会（全旅連）の人が多く含まれていた。

旅館甲子園に否定的であった親会の人が多く来場してくれたことは大きな意味を持っていた。終

プレ旅館甲子園

わって帰郷した後、その人たちは地元の青年部にこれに参加するよう積極的な働きかけをしてくれるようになっていた。

会場は初めての試みへの期待が大きくふくらみ熱気があふれていた。

照明が落とされた会場から和太鼓が鳴り響き、旅館を取り巻くさまざまな風景がいくつかあるスクリーンに映し出され、活気が場内に充満しだした。

明るくなった場内正面にはスクリーン横に「旅館甲子園シュミレーション大会」の大きな垂れ幕が下がっていた。司会は事務局次長で**名栗温泉「大松閣」**の**柏木宏泰**。趣旨説明は**妙高高原赤倉温泉「ホテル秀山　七つの扉」**の**荻野光貴**。田村班と書かれた黄色いTシャツを着て現れた彼は熱かった。

その荻野からは「旅館甲子園は働いているスタッフにスポットを当てる大会である」ことが力強く説明され会場を盛り上げていった。

最初のプレゼンテーターは**奥湯沢「貝掛温泉」**の**長谷川智丈**であった。当時37歳。

彼は父や兄が銀行員であったこともあって金融業における給料の高さや会社の安定性に魅力を感じて保険会社に就職した。家族をつくり平穏な生活を送っていた。

そんな矢先、貝掛温泉で旅館を営んでいた叔父が他界し、その叔父に子供がいなかったことから後継ぎ問題が浮上した。親族の人たちが遺品を整理しているときに「できれば智丈に継いでもらいたい」という遺言めいた書き物が見つかり、一挙に後継ぎ問題は長谷川の身の上に降りかかっていった。サラリーマン生活を長くやって来たので、務まるかどうか不安はあったが、思い切って家族を伴ってその旅館を引き継ぐことにした。

長谷川智丈氏

旅館ではおもてなし大好きな仲居さんたちが待っているのだろうと楽観していたが、それは大きな思い違いであったことにすぐ気が付いた。

貝掛温泉は越後湯沢から12キロだが、通うのには不便な場所。信号はなく下りは10分程度で着くがのぼりがきつい。そんな場所だから人材問題が大きな課題として横たわっていた。従業員は生き生きしていない。定着率も悪い。

では自分が働きがいのある職場にしようと決意した長谷川は、サラリーマン時代の自分と比較しながら何が決定的に違うのか、を考えた。

サラリーマンの感覚からすると一番大事なのは休日と給料であった。そこで給料の見直しから始めることにした。

当時越後湯沢周辺旅館業で働く人の給料は基本給が平均16万円。それにいろいろな手当てがついてプラス10万円。それが老いも若きも同一賃金になっていた。経験年数によっては変わらない。変わるのは残業代であることがわかった。

残業代稼ぎが目的になってしまっているのではないか。長谷川はそう考えると従業員の仕事の仕方に疑念を持つようになった。

「ごゆっくりどうぞ」という旅館でお客に投げかけるおもてなし言葉の裏に、それによって残業代が増えるという意識が働いているのでは、と疑うようになっていた。

自分のそんな疑念を振り払うかのように長谷川は30時間ぐらいの残業代を固定給化して、固定給そのもののかさ上げを断行した。これだと残業代がつかないオフシーズンでも生活の安定が保障される。

みんなのびのびと働きだした。それがお客の満足する顔にもつながっていった。

その効果はそれだけではない。シーズンの時にはみんなで協力し合って無駄を省き、他の人の仕事も手伝うというマルチタスク（多能化）も身につきだしていった。

生産性も上がっていった。また定着率もよくなり、入れ替えも少なくなっているので、採用広告費も削減された。２０１０年からは福利厚生として毎年、社員研修旅行を実施している。

ここに至るまで5年を要した。これからの課題は働く喜びをみんなに持ってもらう労働環境のさらなる向上である。

自分がサラリーマンからこの世界に入ってきて気が付いたことは、この業界の一番大切なことは労働力に対する意識であった。それを変え、社員が誇れる環境づくりに力を注がなければならない。それによってもっと旅館で働きたいと思う若者が増えるようにしなければ。

だから社員にもっと目を向けよう。

この長谷川のアッピールは、会場を埋めた旅館経営者へのものだったが、共感の拍手が鳴りやまなかった。


2番目のプレゼンターは**京都・南禅寺「八千代」**の**中西敏之**。

壇上には中西のほかにホール担当の関暁と料理人の杉岡修平が上がり、働く者の生の声を聞かせてくれた。

八千代は南禅寺の参道にある有名な割烹旅館。シーズンになると団体客で満室が続き、お客をさばくだけで手いっぱいになる。お客の顔など覚えていられない。しかしオフシーズンになると空室だらけになる昔ながらの団体相手の旅館だった。

中西は美術大学を卒業した２０００年にすぐ旅館の五代目として父親の下で働きだしたが、当時はバブル崩壊直後で不景気が続いていた。入社したての中西は庭の掃除や、建具のあらいなど、下働きを2年間ほど続けていた。

京都観光の中でも指折りの場所。客筋はよく、外国人も多かった。特に東京オリンピック決定以降外国人は年々増えた。外国人といっても外務省や大使館紹介の良質なお客が多かった。

中西敏之氏

２００3年から4年にかけてインターネットの時代がやってきて、中西はウェブマーケティングに力を入れてホームページで外国人を積極的に誘致していった。自分が輝けるのはこれだと判断した。

２００6年末からその効果が一挙に出始めた。

1ユーロが１８０円になり、

ヨーロッパで円安が進み、日本への観光がしやすくなった。

例えば3万5000円の宿泊料は、ヨーロッパの観光客にとっては2万円ぐらいに感じられていて高級旅館にも泊まりやすくなっていた。彼らが利用しやすいように、泊食分離も採用していった。

今では京都で外国人集客ナンバーワンになり、8割以上のお客が外国人という旅館に成長したが、日々の努力を怠らない。

中西は1日30件余りの海外からの予約を受け付け、海外からの問い合わせにはネット上で4時間もかけて答えている。ホームページは館内のスタッフの間のコミュニケーションツールとしても利用され、理念、目標、改善に関する問題はいつも共有しあっている。

接客に関しては関が壇上で答えてくれた。

彼は英語で接客しているが、英語圏でない外国人客にもなるべく母国語であいさつをするように努めている。自分の海外旅行の体験から片言の日本語で挨拶されると嬉しくてつい笑顔になってしまう。その笑顔を自分も引き出そうと努めている。

また料理人の杉岡修平は、料理に対して柔軟であることを大切にしていると強調した。さまざまなお客に対応しなければならない。特に外国の人となると食文化が違う。しかし柔軟に対応しながらも、その中で京都のあるいは日本の料理のすばらしさを表現していかなければならないと訴えた。

中西たちのプレゼンテーションの中で「自然体でいることの大切さ」が幾度も出ていた。

外国人が求めるRYOKANは自然体の中にあるのであって、「クール！」という感嘆の中身にあるということを知らなければならない、ということなのだろう。

中西のプレゼンテーションも、インバウンド対策に頭を痛めている参会者にとって学びとなり、大きな拍手を浴びた。

イメージを形にした実行委員の片岡孝夫

3番目のプレゼンテーターは**那須高原「山水閣」**の**片岡孝夫**だった。体全体に気迫がこもっていて、壇上の発言ではマイクを断り、肉声で語りだした。

片岡孝夫氏

片岡はこの旅館を継ぐことになるまで旅館は大嫌いだった。幼少期のみならず青春の時代まで旅館は片岡にとって家族を奪った憎むべき場所だった。

父親は帝国ホテルに勤めていたこともある人で、昭和40年代、50年代の高度成長経済期に起こった観光旅館ブームには、その知識や技能を活かしてホテル旅館の立ち上げ屋のようなことをやっていた。経営コンサルタントではなく、あくまで現場の人間として開業を仕切っていく仕事だった。いつも職場を転々としていて、家族といる機会をほとんど持てなかった。片岡が小学生1年生の時、父親はまだ軌道に乗っていなかった旅館を買い取って、自分の夢の第一歩を踏み出していった。しかし経営は苦しかった。

母親も女将になるなど考えてもみなかった人で、ただ父親の指示に従って仕事をこなすだけの人生を送っていた。両親の喧嘩は絶えることがなかった。

働いている大人も宴会で騒ぐ大人も嫌いでしょうがなかった。

姉を含めた4人家族が食卓を囲んだのはたったの4回であった。その瞬間がうれしくて、片岡は今でもその時のメニューを鮮明に覚えているという。

大学に入ったものの授業料の送金が途絶えた。当時「実力主義」という言葉が絶えず耳に入ってきた時代。その言葉に押されて片岡は大学を中退してある大手通信メーカーに就職した。

しかし父親は片岡が20歳の時に他界。母親が1人で旅館を守ることになった。

借金は膨れるばかり。旅館の修繕もできず、お化け屋敷のような雰囲気に変わり果て、予約した客が玄関を見てそのまま帰ってしまう有様であった。母親はただこの旅館を息子にバトンタッチすることしか考えなかった。

父親が他界して数年を経て、25歳で会社を辞めて母親のいる旅館に戻ってきた。母親の苦しんでいる姿を見かねてのことだった。当時客室稼働率は23%という低さ。売り上げの5倍以上の借金を抱え、毎日借金取りに追い回された。

借金取りは取り上げるものもなくなっていると知るや、嫌がらせに電球まで待っていった。真っ暗になった部屋でろうそくの灯りを頼りに、母親とじっと予約の電話が鳴るのを待っていた。

母親はこの借金地獄を息子に引き継がせるわけにいかないと、母子の絶縁状を書き、引き出しにしまって「印鑑は押してあるからいつでも持って行って籍を抜いてもいいんだよ」と言っていたが、片岡はそれをやったら人間が終わると思い、それだけは無視し続けた。

崖っぷちに立たされた片岡は、自分の心の内奥をのぞいてみた。

自分は今でも旅館は嫌いだ。しかし逃げ出すわけにはいかない。

それならばその嫌いな旅館像を描いてそれをいったん取り除いてみようと思った。

そうして嫌いなことを取り上げ、それをやらないというルールを作った。

●看板を出さない
●カラオケをやらない
●飲み放題をやらない
●二次会の場所を造らない
●エージェントを使わない

このルールを徹底することから始めた。

ハードの改善にはカネがかかる。そのカネがない。それならばと利用できる廃材を探しまわった。

26歳の時、「すかいらーく」が「ガスト」に業態変更するとき、以前に知った「すかいらーく」の関係者に電話して廃棄する電器類をもらい受けた。

またファミリーレストランの撤退を聞きつけて廃棄処分になる鉄板焼きの鉄板をもらい受けた。また隣のホテルのじゅうたん交換の折にはその古いじゅうたんをもらい受け再生していった。

そうやって館内を徐々に整備していった。四畳半の部屋に缶詰になって一人で電話をとった。その間旅行雑誌を隅々まで読み、繁盛する旅館のリストをノートに張り付け、自分の目標を明確にしていった。

運転資金が欲しかった。銀行からの融資は考えられなかったが、彼はそれでも銀行に通い詰めた。それを6カ月続け、とうとう銀行のほうが根負けして融資をしてもらうことができた。

だんだん嫌いのルールが浸透してきて、それに共鳴するお客が少しずつ増えていった。

彼が30歳の時、母親が他界した。旅館経営のだいご味、楽しさを知らずに逝った母親のことを思うと、借金に苦しむこの旅館を簡単に放棄するわけにはいかなかった。

周りに相談すると「破産するしかないよ」とつれない言葉が返ってきた。たとえ破産するにしても破産手続きを依頼する弁護士への費用も用意できなかった。

銀行支店長のその当時の言葉は片岡の耳に今でもこびりついている。

「自分でレールを敷けると思うなよ。両親の残したレールにまず乗って、やれるだけやってみろ」という励ましの言葉だった。貸し付けたものが焦げ付いては困るという意図が隠されていたかもしれないが、片岡はその言葉を素直に受け取った。ダメであってもとことんやってやるという決意が持ち上がってきた。そしてあることがきっかけで業績が急激に上向いた。

じゃらん営業マンと話し合っているうちに「露天風呂付客室」を思いついた。まだネット上でその言葉が流通していない時であった。若いカップルなどが求める旅館への新しいニーズを研究していった結果だった。

さっそく実行に移した。FRPの浴槽を買ってきて、板張りし、その上に鉄平石で表面を覆って露天風呂らしく造り上げた。一人で造り上げたものだがそのたった一つの「露天風呂付客室」から火が付いた。

その露天風呂は1年足らずで専門業者に頼んで本格的なものに造作替えすることができた。業績が上向くにしたがって社員も増えていった。

しかし片岡には社員教育の仕方が全く分かっていなかった。採用も訓練指導も教育も無手勝流でポリシーがなかった。

「お客に少しでも喜んでもらおうという気持ちがなかったら辞めてくれ」と強い口調で社員を叱責した。お金をもらうためにだけに働いているということが許せなかった。さんざんお金に翻弄されたこれまでの自分の人生から、自然に身についた価値基準がストレートに打ち出された。

その結果1人の社員を除いて18人の社員が辞めていった。

30歳直前のことだった。

ちょうど縁があった産業再生機構で旅館再生について勉強しようとプレゼンテーションを持ち込み、32歳から3年間そこに通って勉強していたときだった。

そこで人の問題を考える機会を得た。

自分はやらないルールは作ったが、会社の理念がないのに気が付いた。そうしてこの旅館が求める人物像を追いかけ理念化していった。

その一つは「あなたの『癒し』と『感動』のために力を尽くすことが私たちの喜びです」。

二つ目は「日本の旅館と那須の観光をもっともっとおもしろくする！」というもの。

ここには小難しい文言はない。わかりやすい。しかしこの中に片岡が言わんとすることがすべて埋め込まれている。

これを館内に貼りだした。採用広告の時にも労働条件は一切出さず、ひたすらその理念だけで押し通していった。お客が喜ぶ笑顔を自分の喜びにする、という人以外は採用しなかった。

なんと、それによって理念に賛同する社員が集まってきて、旅館の雰囲気は劇的に変わっていった。自分も変わった。旅館が嫌いだったのは、従来の経営スタイルが嫌いだったので、旅館業そのものが嫌いではないことに気が付いた。気が付くとともに自分はこの旅館が大好きになり自分の存在そのものになっていった。理念は実務に落とし込まれ、実務はイズムに裏打ちされて、顧客満足につながっていった。

また組織をそれまでのトップダウンのスタイルからフラットなものに変え、社員一人一人が生き生きと輝き始めていった。

今ではたとえ片岡がいない時でも、いる時と全く変わらないストーリーがこの旅館の中で繰り広げられるようになった。「イズムが乗っかっているから旅館は私がいなくても回っていく」。それには「自分がいつも二〇〇％も三〇〇％も熱くなっていなくてはならない」と片岡は言う。


ここに至るまでの自分の歩んできた道をどこかで発表したいと片岡は思っていた。メディアの取材を受け、そこで語ってきたが、同じ苦しみと戦う全国の仲間に「俺はこう生きてきた」と表現しエールを送りたかった。それは自分の足跡を自慢したがることでは全くない。

自分の姿を対象化することによって自分を認識し、自分をより高いところに押し上げていく。それは同時に旅館甲子園を立ち上げようとする仲間たちに学びになってくれればということでもあった。

「これ以上のプレゼンテーションを旅館甲子園ではやってくれ」と彼は言いたかった。

実行委員はエントリーできない決まりになっていた。したがって実行委員の片岡はエントリーができない。この模擬旅館甲子園で発表できる機会をえてものすごく喜んだ。

この姿勢こそ旅館甲子園の原点である。

自分の旅館で展開している日常のこと、特に働くもののチームワークのあり方をめぐって競争しあい最も学びになるあり方を探し出す。

これが旅館甲子園の本質だとするならば、片岡は一人だけのスピーチのなかであたかも社員たちがともに壇上に上がって報告しているかのようにドラマティックに語ってくれた。

それが会場を埋め尽くした人たちの心を動かした。

旅館甲子園はそれによってそのイメージを形として捉えることができた。

2年に1度の旅館甲子園の資金は?

旅館甲子園は2年に1度の開催で、やはり2年に1度の青年部全国総会の合間の年に開催される。全国総会は秋で、そこでファイナリストが発表される。旅館甲子園の開催は翌年の春だから2年に1度といっても準備に余裕がない。

居酒屋甲子園は大会が終わった直後から翌年の大会の準備に入っていくので、エントリー企業の募集、覆面調査による公平な審査、地方大会開催と時間的な余裕を持って進められる。

しかし旅館甲子園の場合はあわただしい日程で、実行委員会の人たちの努力は大変なものだ。

開催日程、開催場所を決めようとしていた時に、国際ホテルレストランショーを主催する日本能率協会の人から連絡が入った。ショーの4日間のうち1日を旅館甲子園で使わないかという申し入れだった。

伝統あるショーであり、旅館甲子園のためにわざわざ上京する関係者にも、学ぶことがより多くあるだろうと判断してその申し入れを受けた。

東京ビッグサイト開催はそのようにして決まった。

実行委員長の田村が一番頭を痛めたのは資金集めであった。

会場は旅館関係者だけのクローズな大会で入場料はとらない。その会場費がバカにならない。実行委員会全員が駆けずり回ったが成果が上がっていかなかった。親会である全旅連からは「全旅連に入っている業者さんを対象にしなさい」とくぎを刺されていた。大口では第一興商、リクルートが協賛してくれたが、それだけでは賄いきれなかった。それではと個人の協賛を募っていった。

ちょうど東日本大震災の2年後のこと、旅館も苦しんだ時期であった。それでも個人の協賛が多く集まり何とか大会開催のめどがたった。

しかしこの資金調達の仕組みはその後も変わらず、2019年の第4回大会は「プレゼンテーションが長すぎる」という意見に押されたこともあったが、予算がないということも大きな理由でファイナリストが3施設まで減らされた。

全旅連青年部は全国総会と旅館甲子園を隔年で開催する仕組みになっている。費用がそれだけかさんでしまうことも大きな壁として立ちはだかっていた。

毎年開催される居酒屋甲子園の場合も資金調達は毎回苦しんできた。赤字にならないギリギリのところで運営している状態だ。理事や実行委員の活動も手弁当だ。

エントリー費はイコール覆面調査費になっていて、収入は大会の入場料とサポーター会の支援。しかし約150社あるこのサポーター会がユニークで、単なるスポンサー企業の集まりではない。

そもそも会を設けて同業者も交えて活動していることが不思議だ。

居酒屋甲子園の理念に同調し、居酒屋甲子園の執行部を招いての勉強会などを定期的に催し、彼らと併走する姿勢を鮮明にしている。したがって営業のためだけにこの会に入ることはできない。「居酒屋を通して日本を元気にする」、という彼らが掲げる目的を、また「共に学び共に成長し、共に勝つ」という理念を一緒に追求していこうとして居酒屋甲子園の仲間の中に同志として入っていく。営業はその結果自然に生み出されていくものだと理解している。私も何度か勉強会に参加しているが、その熱量は居酒屋甲子園の勉強会と同じで、しばしば私はどちらの勉強会にいるのか錯覚してしまうぐらいであった。

旅館甲子園も入場料の再検討もあるが、そろそろサポーターの人たちを積極的に巻き込んでいく仕組みが必要になってきているのでは、と思う。

第1回大会から旅館甲子園の「働くスタッフの夢が、笑顔が、日本を元気にする」という目的に賛同し並走している（株）リクルートライフスタイルのサポートの実態を掘り下げながらその糸口を探ってみる。

（株）リクルートライフスタイルのサポート

旅館甲子園立ち上げの段階で、（株）リクルートライフスタイルの**宮本賢一郎**執行役員が担当する「じゃらん」に、横山公大からスポンサー要請があった。「じゃらん」は旅館で働いている人にフォーカスし、競い合いながらレベルを上げていくという趣旨に大いに賛同し快諾した。

リクルートライフスタイルは1990年に創刊した「じゃらん」という情報誌や予約サイトなどで旅館の集客支援をきめ細かく行なってきた。口コミやアンケートなどで、顧客情報が全国から集まり、顧客のニーズが定量的にも、定性的にも捉えられる。その情報を旅館にフィードバックすることもできる。旅館にとっては生きた情報が提供されるのでありがたかった。

リクルートライフスタイルの集客支援は横に広げられていく。調査を徹底し、観光地の魅力を訴え、観光資源の発掘を行ない、旅行需要を掘り起こす情報活動によって旅館の集客に寄与していく。

宮本賢一郎氏

今旅行マーケットは年々縮小している。1年のうち宿泊と伴う観光旅行の実施率は2004年度の約65％から2019年度には約54％に落ち込み、さらにコロナ禍でこのまいくと数年のうちにさらなる落ち込みが予測される。
下げ止めをどうするか。特に若い人たちの需要を喚起していかなければ、先細るばかりだ。
リクルートライフスタイルは、観光地の

魅力の発信だけでなく、新しい旅行事業をつくることにも取り組んでいる。「お湯マジ」「雪マジ」「海マジ」など、若者がそこに〝まじる〟ことによる特典などを用意して若者の旅行回数を増やす仕組みを作っている。

今若者は旅行に行かなくなったといわれている。宮本は「ゲームなどの楽しみが増えてきた。楽しみが多様化した。余暇の奪い合いが始まっている」と分析する。なおさら余暇の中の旅行の価値を高めていかなければと危機感をあらわにする。旅行の価値を高めていくのは旅館の役割でもある。その点でもリクルートライフスタイルは、業務支援として旅館の価値創造の支援を展開している。

ネット社会になり、インバウンド需要が増えてくると旅館業務は複雑になる。人でしか提供できないサービスがおろそかになり、お客に不便不満をもたらしてしまう。そこをＩＴの活用で、機械で済むことは機械に任せ、人的なサービスを充実させていく。

例えばトリップＡＩコンシェルジュの開発。お客の簡単な問い合わせなどはＡＩが代行して答え、お客との必要な人的コミュニケーションには十分な時間を割いていく試みだ。集客支援が横に拡がっていくものだとすると、この業務支援は深さを造っていくもの。

さらにその支援は経営支援まで進んでいく。

観光庁にも加わってもらって次代経営者教育のプログラムをつくり、「次世代旅館・ホテル経営者育成プログラム」を開催しているのもその一つだ。２泊３日のワークショップを半年間行なうもので、全旅連青年部の幹部たちの多くが受講している。今日まで１００名以上の受講者を送り出している。この研修は次代の経営者相手だが、働くスタッフたちが輝かなければ、若い経営者は輝いてこない。そういう意味でリクルートライフスタイルにとっても、旅館甲子園は大切な経営支援となっていくわけだ。

すでに2012年から始められた「じゃらんアワード」では、その年に優れた取り組みをして宿泊施設の魅力を伝え実績を上げた施設を規模別に表彰し、各宿泊施設のモチベーションアップに寄与してきた。

しかし旅館甲子園の意味は旅館どうしで旅館経営のあり方、接客のあり方、料理のあり方を競って、日本一を決め、それを最高の学びとして参加したものすべてが現場に持ちかえって共に成長することを誓いあっていくということ。次元が違う。

そのことをリクルートライフスタイルは充分理解したうえで支援に力を入れている。

居酒屋甲子園の場合は、エントリー費も集まらなければ、スポンサーへのコネクションも弱かった。そんな時に「くるなび」やビール会社4社が立ち上がり、それを中心に約40社が第1回大会を支えた。それが回を重ねるごとに増え続け、サポーター会という組織にまで発展していった。単に金を支援するスポンサーではなく、共に日本を元気にしようという居酒屋甲子園をサポートして共に併走する道を選んだ。

そのような組織が旅館甲子園でもできてくると、資金で余計な神経と時間を費やすことが軽減されるのだが……。

居酒屋と違って旅館は衣食住すべてにかかわっている。各旅館に仕入れ先は限定されていく商品もあるが、全国に流通するものもある。それらが旅館甲子園の存在と可能性を認め、サポーターとして組織的に支える。そんなサポーター組織が将来はイメージされる。

審査員による日本一の選定

横山公大は日本一の選定基準には随分迷っていた。

居酒屋甲子園のように覆面調査は公平性、客観性が担保されていいのだが、旅館には向かないと思っていた。規模も歴史も価格帯もばらばらで基準を立てるのは難しい。

考えた末決まったのが「問題点と改善策と結果」「オーナーのビジョン」「スタッフ教育とビジョンの共有」「地域への貢献」といった項目であった。

47都道府県を10ブロックに分け、全旅連に所属する約1600旅館からエントリーを募り、都道府県部長の推薦を得た22旅館が選ばれた。

旅館業、飲食業、行政、コンサルタント業から選ばれた10名の審査員が書類選考し、最終的に5旅館が決勝大会でプレゼンを行なう。

決勝大会の採点は一次審査（書類審査）10点、会場票10点、決勝審査員80点となっていて、審査員による評価が大きな比重を占めていることがわかる。

この点は居酒屋甲子園と大きく異なる点だ。居酒屋甲子園は会場票で決まる。全国から集まった

5000名の居酒屋関係者が、最も学びがあったファイナリストを選ぶので、居酒屋で働く人たちが今何を求めているかが浮き上がってくる。

旅館甲子園では第2回大会も同じ比重であったが、第3回第4回になると一次審査（書類審査）が20点、会場票30点、決勝審査員50点と会場票の比重が高まっている。

しかし日本一の旅館を見る限り、決勝審査員の判断は会場でかたずをのんで見守っていた会場の参加者と同じであったようだ。

ただ第4回大会の時だけは、全く新しいタイプの旅館が日本一になったが故に、意見が分かれるところであった。グランプリをとった松之山温泉「玉城屋」は山岸裕一という若くシャープな感覚を持つ経営者のオーベルジュ的旅館の取り組みが、これからの旅館のビジョンづくりに悩む若い経営者に大いなる支持を受けた。

一方長い時間をかけて働く人たちを輝かせる努力を重ねてきて3度もファイナリストに上ってきた「松本楼」を支持するものも多かった。

しかし時代の空気を反映しながら、旅館の課題も流動化する中で、このような新しい動きが出てくることも旅館甲子園の底力からをつくっていく過程だと考えなくてはいけないだろう。

第1回大会の成功

2013年2月20日、東京ビッグサイトで第1回旅館甲子園の幕が切っておろされた。入場者は全旅連関係者のみに限定されたクローズな大会だが、初めてのことでもあり、全国から駆け付けた約800名の入場者で会場は熱気に包まれた。

草津温泉「ホテル高松」スタッフによる湯の華太鼓のオープニングの後、実行委員長の田村佳之(四万温泉「佳元旅館」社長)の力強い開会宣言が続いた。

「6年前、浜松町の小さな居酒屋で数名の仲間と、旅館で働くスタッフが輝ける舞台をつくりたい、旅館で働きたいと思う若者を増やしたい、日本の文化である旅館を熱くさせたい、と熱く語り合ったことを思い出します。横山公大が旅館甲子園という大きな旗を掲げ、自分は一人のフォロワーとして立ち上がることを決意しました。横山がこの旗を降ろさない限り自分はフォロワーとして踊り続けることを決意しました。多くの仲間に支えられ、多くの企業様に支援されこのように無事大会を迎えることができました。熱い思いを胸に開会を宣言します」

横山公大をしっかり支え、多くの仲間をこの準備に巻き込んでいった田村らしい開会宣言に会場にいる人たちもいよいよ始まったのだと実感し、田村の熱気に身震いした。

5つのファイナリストが、初めての大会とはいえ、働くスタッフたちの想い、リーダーとしての若い経営者の想いが伝わるプレゼンテーションを展開し、会場にいた旅館関係者に感動を与えていった。

ファイナリストは

① 越後湯沢「HATAGO井仙」

②鬼怒川温泉「鬼怒川温泉ホテル」
③和歌の浦温泉「萬波」
④青根温泉「流辿別邸　観山聴月」
グランプリは青根温泉「流辿別邸　観山聴月」であった。その内容は第2章に譲るが、2011年東日本大震災の時、被災者へのお風呂の提供を率先して行なった話は会場にいる同業者たちの胸を打った。

最後にファウンダーであり20代青年部長の横山公大が大会を振り返った。

「旅館業は若者の働きたい仕事ランキングの下位に甘んじている。旅館の数もピーク時の半分に減っている。しかしファイナリストのプレゼンを見て、旅館業が魅力ある業界であり可能性がある業界であることを再認識したはずだ。これからは我々責任世代がこれを学びとして日本の、いや世界に誇れる旅館業をつくっていきたい」と彼らしい力強い発言で閉めくられた。

第2回大会から第4回大会までの大きなうねり

2015年2月18日**第2回大会**は前回同様東京ビッグサイトで催された。大会会長で21代全旅連青年部長山口敦史（天童温泉「滝の湯」）は開会あいさつで、旅館の軒数が減少する厳しい現実に触れ旅館甲子園を通じてモチベーションアップやスキルアップを図ることで、旅館で働くスタッフの夢や想いが世界に誇れる「ＲＹＯＫＡＮ」ブランドの構築につながると、旅館甲子園の現在的な意味を強調していった。そしてナンバーワンではなくオンリーワンを目指すべきだと山口らしいスピーチを行なった。5つの**ファイナリスト**は

①**青根温泉「流辿」**（連続ファイナリスト）
②**高知県「土佐御苑」**
③**伊香保温泉「ホテル松本楼」**
④**徳島県「大歩危峡まんなか」**
⑤**渋温泉「さかえや」**

グランプリは最後に登場した**渋温泉「さかえや」**が獲得。弱者を巻き込んだ「共に学び共に成長する」意識が、働く仲間の活力を生み、旅館を成長させたというプレゼンテーションは、旅館甲子園が求める「働くスタッフを輝かせる」趣旨にぴったり合っていて、会場に駆け付けた旅館関係者に大きな感動を与えた。

第3回大会は2017年2月22日にいつもの東京ビッグサイトで開催された。
開会挨拶で実行委員長の塚島英太（「ホテル長崎」専務）は「旅館甲子園は、働くスタッフの夢と笑顔で日本を元気にするという熱い想いから生まれた。今日本は観光立国をうたいあげ、インバウンドの増加が著しくなり、旅館業に追い風が吹いているように見える。しかし都市への一極集中、地方における人材不足、大企業、他産業の地方への進出という厳しい状況に置かれている。そんな

時だからこそ個性を磨き、時代に適応した進化したかたちを見つけ出さなければならない。旅館甲子園は、それが最も学べるナンバーワンを見つける大会にしなければならない」と、競い合いの意味を強調した。

5つの**ファイナリスト**は

①伊香保温泉「ホテル松本楼」（連続ファイナリスト）
②奥津温泉「奥津荘」
③あまみ温泉「南天苑」
④城崎温泉「小宿　縁」
⑤渋温泉「さかえや」（連続ファイナリスト）

グランプリは渋温泉「さかえや」が連続受賞という偉業を成し遂げて、会場の旅館関係者だけでなく、旅館甲子園に関心を持つ全国の旅館関係者を驚かせた。

「さかえや」の湯本社長やスタッフたちは2回大会を通して培った「共に学び共に成長する」精神を実践の場に落とし込み「全員経営」の名のもとにより一層深いところで研修を重ね、再登場してきた結果であった。旅館甲子園によってどんどん旅館が磨き上げられていった典型を見せてくれた。

最後の大会会長の第22代青年部長桑田雅之の挨拶は、民泊新法で揺れる宿泊業界の政治的役割をも語った歴史的な意味を持つスピーチであった。

業界を取り巻く状況は働き手不足、労働生産性の低さからくる労働時間、休日、賃金の問題などを抱え相変わらず厳しい。この旅館甲子園は、これらの問題を打破すべく先進的な取り組みをしている旅館に注目し、経営者の想いが働くスタッフにしっかりと伝わり、働くスタッフが自発的にそれを表現していく、そんな輝いている旅館があることを内外にアッピールしたい。IT社会になってますます人と人とを結びつける「おもてなしの心」が旅館にとって差別化の武器になる、と語った後で、民泊新法の問題に触れていった。

担当する国会議員を壇上にあげ、民泊新法への戦いを語らせた後、桑田は、宿泊業者のもてなしの心が、また長い時間をかけて培われてきた宿泊文化が一切無視され、ただ部屋を貸すだけの事業が宿泊事業として認められようとしているこの法案を阻止する活動を訴えた。会場にいる旅館関係者が大会後地元に帰って、地元出身の国会議員に陳情するよう檄を飛ばした。それは異例の挨拶であった。

旅館を輝かせるには地域が輝かなければならないという旅館甲子園の趣旨からいえば、民泊新法によって地方の家族労働で経営する小規模旅館に打撃を与えていく事態を許してはならない。桑田は青年部長になった段階から賃貸業者が後押しする民泊新法に敏感に反応し、国会陳情を繰り返し、一時は365日を唱える賃貸業者案に歯止めをかけ、「地方の実情を反映する仕組み」という条文を入れさせて、地方で集客減に悩む弱小旅館業者を身をもって守った。結局この法案は1年のうち180日は認めるという妥協案で終わったが、一青年部長のすさまじいまでの政治活動は旅館甲子園の記録にとどめておかなければならない偉業であろう。

第４回は、２０１９年2月20日やはり今回も東京ビッグサイトで開催された。

今回は資金の問題と、「長すぎる」というアンケート結果を配慮して、ファイナリストは３旅館に絞られた。

その発信力、行動力、組織力が大会を振り返ったとき、高く評価された大会実行委員長の菅野豊臣（磐梯熱海・㈱永楽館）の開会挨拶から始まった。

旅館甲子園は働く人にスポットを当ててそれを世界に届けるビッグイベントであること、先輩たちが構築したその財産を引き継ぐべく準備してきたことが報告された。

また宿泊業者は日本文化の伝承者で、それを遂行していくことは宿泊業者の責務であることが強調された。ファイナリストは時間を惜しんで準備に励み、ここに臨んでいる。その熱い想いをしっかり受け止めていく大会であってほしい、と結んで開会宣言をした。

この菅野はこの実行委員長を務めあげた2年間を振り返って「2年間の中で実行委員の結束が高まったこと、一生の仲間と言えます」。またいろいろな方との人脈をつくることができ「きっと一生困らない旅館人生になるのではないかとまで思える仲間です」と仲間との貴重な出会いを語り、さらには旅館甲子園には取引先や社員まで大勢福島から来てくれたこと、その社員たちは他社との比較が学びになり、熱い社員になって仕事に率先して取り組んでいると私に語ってくれた。

３つのファイナリストは

①松之山温泉「玉城屋」
②伊香保温泉「ホテル松本楼」（連続ファイナリスト）
③四万温泉「柏屋旅館」

グランプリはオーベルジュ的旅館を、優秀なスペシャリストを集めてつくりだし、地域貢献にも精を出す山岸裕一率いる**松之山温泉「玉城屋」**が獲得した。

第1回大会から第3回大会までの流れとは違ったプレゼンテーションだったが（第2章で詳細を明らかにする）、旅館甲子園の懐の深さを示す意味でもそれは画期的であったとみるべきだろう。

閉会の挨拶に立った大会会長の23代青年部長の西村総一郎（城崎温泉「西村屋」社長）は3つのプレゼンテーションを聞き「結局人は人でしか磨かれないと実感した」と述べ、おもてなしの心、仲間を大切にする心がすばらしい宿を育てるのだと強調した。

国は観光産業を成長産業だと力を入れているし、世界的なイベントが控える中で世界中からインバウンドがやってくる。旅館の果たす役割はどんどん大きくなる。衣食住の日本文化を体現しているのが旅館だからです。これからも地方を元気にするのは旅館の仕事である。地域を元気にし日本を元気にする、その想いを確認しようと、締めくくった。

最後に第5回大会成功に向けてエイエイオーを呼びかけ、参会者全員がこぶしを突き上げエイエイオーで答えていった。会場に喜びと気合がみなぎっていた。

第2章

働く仲間が熱く語ったファイナリスト

第２回３回連続グランプリの渋温泉「さかえや」

第1回大会から第4回大会まで、旅館甲子園の壇上に上がったファイナリストはその旅館の持ち味を遺憾なく発揮し、多くの学びを提供していった。

そこで語られた内容は、全旅連青年部所属の旅館が降りかかる厳しい試練をくぐり抜けてきた物語であり、新しい時代に挑戦していった熱い戦いの記録であった。そこには全国の旅館業の人たちが共に学べる普遍的な教訓が宿されていた。

これからの旅館の最大の課題は結局人であり、「宿は人なり」を再確認することだ、とはよく言われている。しかし女将の優れた接遇力は聞いたことはあってもそこで働く人たちのそれはほとんど聞くことがない。せいぜい接客研修の話がのぼるぐらいであった。

しかし旅館に宿泊する人は施設や食事以上に、そこで働く人が輝いている姿に癒され、この旅館の価値を見出していく。

旅館甲子園は「旅館で働くスタッフの夢が、笑顔が、日本を元気にする」をスローガンに掲げ、この働く人にフォーカスした大会であった。

働く人の輝きは、経営者の環境づくり、働く人の自己研鑽が必要条件だが、働く者同士の「共に学び共に成長する」というワンチームの意識が絶対条件になる。

以下のファイナリストの話から、この事実を明らかにしようと思う。

青根温泉「流辿別邸　観山聴月」

「理念重視経営」で第1回グランプリ

（第1回大会グランプリ、第2回ファイナリスト）

専務原太一郎の覚悟

専務の原太一郎は、出場する前から優勝するところは自分のところだと確信していた。姉の華織（総支配人）も社員たちもみなそう思い込んでいた。

旅館甲子園の話はちらちら耳に入っていたが、前年に全旅連青年部の人に誘われて出席した「次世代経営セミナー」の時に、旅館甲子園ファウンダー横山公大氏と出会い、話し合ううち横山氏から「出場してみないか」と打診され、太一郎はその場で「やります」と答えた。

原太一郎氏

旅館甲子園は太一郎にとっては必然だった。「流辿（りゅうせん）」（「流辿」と「流辿別邸　観山聴月」は

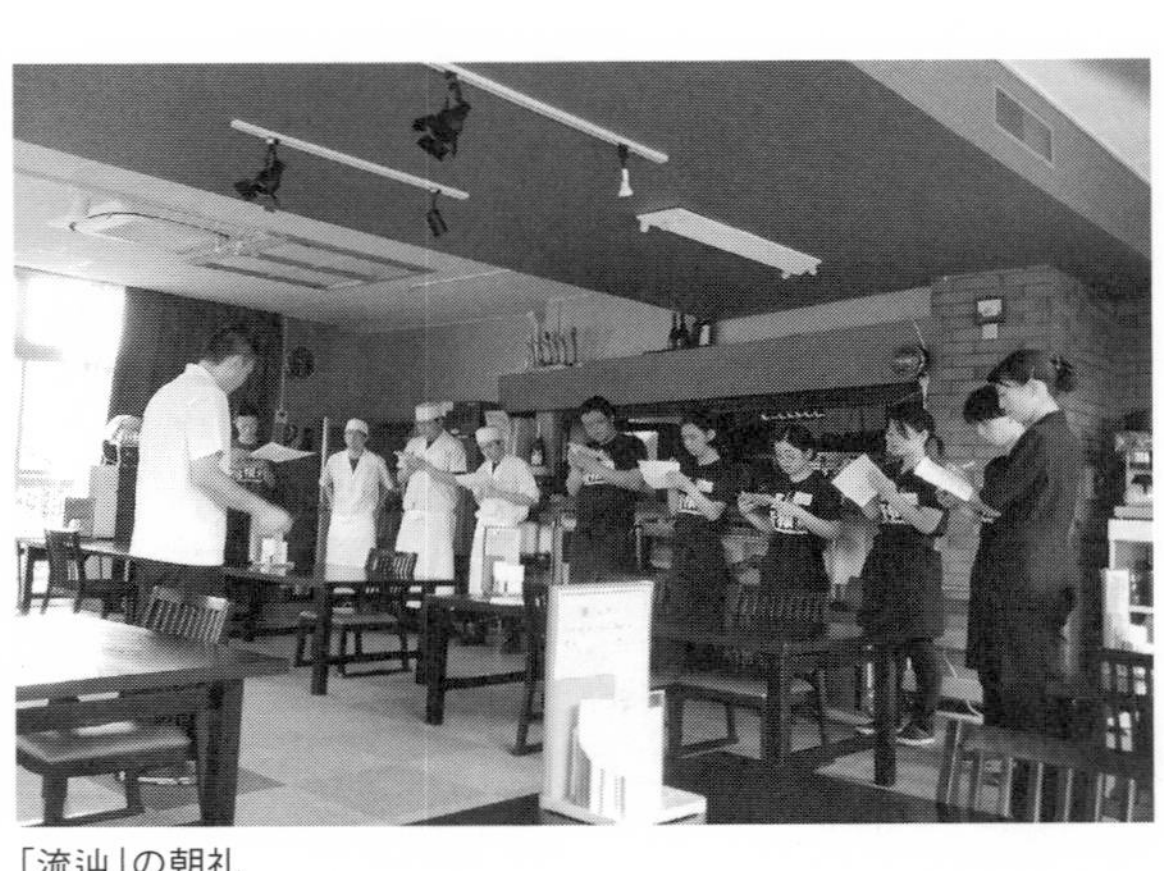
「流辿」の朝礼

後者が建て増しされた棟で、オペレーションはひとつなのでここでは「流辿」で統一しておく）では数年前から居酒屋甲子園のファウンダー大嶋啓介の本を読み、彼の経営する居酒屋「てっぺん」の朝礼にも参加して、大嶋流朝礼を取り入れ、毎朝その日出勤したもの全員参加で実行していた。「経営理念」「心戒十訓」を唱和し、自分の目指す日本一を大声で発表して「おねがいします」でみんなの同意を得るNO．1宣言、さらにオリジナルなものを入れて行なわれる。

青根温泉は仙台から車で1時間以上かかる標高530メートルの山の中の温泉街。温泉街といっても以前は7軒あった旅館も今では4軒に減っている。

そんな1軒の旅館の館内で毎朝朝礼をしている姿は感動的である。

その朝礼で培われていく理念経営はスタッフ一人一人の日常の作業に浸透していってお客の評価を高めていった。売り上げも飛躍的に伸びた。

じゃらんネット東北売れた宿10室以下の部門8年連続第1位。

そんな実績を積み重ねているので、旅館甲子園は太一郎にとってまたとない絶好の機会だった。

実はこの朝礼が今のようなスタイルをとり始めたのが２００７、8年の頃。

太一郎がうつ病に悩まされ、死さえ考えていたのが24歳の時で２００５年。1年ぐらい経って仙台市内を徘徊して入った店が駅前にある「リゴレット」（新川義弘社長）。そこで明るくきびきび接客する若い従業員が気になって、担当してくれた女性に声をかけた。「君は社員なの」という問いかけに、にこにこしながら「いえ私はアルバイトで今年18歳になります」との快活な返事。

その時太一郎は衝撃を受けた。「暗いトンネルの中でさまよっている自分はいったいなんだ」と思い、目の前に光るものが見えた。そうやって帰りの車の中でその暗いトンネルから抜け出していった。


さっそく翌日の朝礼で皆の前で昨日の「リゴレット」から受けた衝撃の話をした。

しかし突然の専務の変貌。みんなびっくりしてドン引きしてしまった。

無理もない。ニュージーランドの大学を卒業して帰国後、両親や姉の背中を見てここで働いてみようと決意して入社してきても、お客の前に出ることもなく、布団敷きなどの日々を過ごした後はうつ状態にあった人だ。

「リゴレットのような現場を作りたい」といっても現場の人達にとっては「何を言い出したのだ、この若造が」程度にしか受け取らなかった。

しかし太一郎はめげなかった。ただ自分の想いを実現する切り口が欲しかった。

そんな時に『てんつくマン』（軌保博光）の本を読んで大嶋啓介の存在を知った。

これだ、と直感した。さっそく日経ＢＰ社から大嶋啓介の朝礼の本を取り寄せむさぼり読んだ。

スタッフ２人を連れて大嶋経営の渋谷「てっぺん」を訪ね、朝礼に参加した。

自分の夢や日本一の宣言をするのに「てっぺん」のスタッフは我先にと手を挙げて指名を待つ。それを「取りに行く」というのだが、連れていった若いスタッフは躊躇することなく身を乗り出して取りに行き、夢や日本一を堂々と語っていった。

自分は「取りに行く」ことはできなかったが、この若い２人の行動を見てこのスタイルをいつもの朝礼の中に取り入れようと太一郎は決意した。

そのためにも自分自身がいつも明るく元気にふるまわなければと思い、朝起きたときから〝絶好調〟と思い込んでいこうと決め込んだ。天井に〝絶好調〟と書いた紙を貼り付け、寝る時も起床するときもその文字をにらみつけ自分を鼓舞していった。鬼気迫る決意だ。

その本気度は徐々にみんなに伝わり、朝礼は様変わりしていった。

むろん反発をし続けたスタッフもいた。やがて彼らはこの旅館を去っていった。

その代わりこの朝礼になじんでいくスタッフがあらたに加わり、やがてそれはこの旅館の習慣になり文化になっていった。

館内の空気は一変した。それを敏感に感じ取った客が客を呼び、業績がどんどん向上していった。

２００９年には各室露天風呂付きの別館、「別邸　観山聴月」も建て増すことができた。

原華織の女将業

理念重視の経営をどんどん進める弟をしっかり見守り、日常の作業に浸透させていったのは女将の華織であった。

はじめは弟の変貌におどろきながらも、うつ病から脱して見違えるようになった弟の変化を心底喜んだし、彼の主張する理念経営を本気で支持していった。

彼女は短大を出て生命保険会社、教材の会社に勤めＯＬをやって青春を謳歌していた。

原華織氏

両親は団子の屋台から出発して、さまざまな事業に手を出した末に、自宅を改造した8室の「ペンション　ボウゲン」を開業し細々と経営して子供たちを立派に育て上げた。

ある時競売物件の話が飛び込んできた。古い旅館だ。両親はこれを買い取り旅館経営に乗り出した。

そこで娘である華織を呼び寄せ、女将としてこの旅館を経営することに期待した。

さっそく華織は近くの秋保温泉のとある旅館で3

カ月の修業をさせてもらった。

そこでは一通りのことを学んだ。そして華織は女将業の第一歩を踏み出した。２００３年のことだ。若い女将が中年の仲居を使いこなすのは無理だろうという周りの意見に従って、従業員は高卒3人を雇い、板前は調理師会から1人回してもらった。

彼女はがむしゃらに働いた。就寝が深夜の2時頃、起床が6時というハードなスケジュールをこなしていった。就寝するときにスーツ姿で布団に倒れこんだことも度々だった。

青根温泉は山深く、客を引っ張るのは大変だ。まして「流辿」という名も全く知られていない。

こんな状態で独特な販促を打ったのは父親だった。

ある時、人気のある地方巡業の劇団を知った。すごい人気であった。父親はこれをうちの旅館に呼ぼうと発想。昼・夜の公演を地下の大広間で行ない、両親も団員と寝食を共にしてその成功を支えた。芝居見たさにやって来た人たちに「流辿」の名は徐々に知れ渡り宿泊客が増えていった。ウルトラマーケティングといえる。

この両親の商才と本気度を華織も太一郎もみてきた。華織の女将としての踏ん張りも、この両親の背中を見てのことだったのだろう。

「別邸　観山聴月」を建て増してから客室も23室になりスタッフの数も増えた。

全員の意思を統一する朝礼の役割はますます大きくなっていった。

そんな時に旅館甲子園の話を耳にした。

彼女は2012年の第7回居酒屋甲子園にスタッフ10人を派遣し見学させた。明らかに翌年の旅館甲子園第1回大会を意識してのことだった。

彼女も太一郎に影響されて大嶋啓介の本も読み、居酒屋甲子園のDVDも見ていた。彼女の中ではその時にはすでに「流辿」と居酒屋甲子園はひとつになっていた。だから太一郎同様、彼女も優勝するのは当然だと思っていたわけである。

過足亮(調理長)のリーダーシップ

「流辿」躍進の立役者として過足亮調理長の存在は欠かせない。

朝礼ではリーダー役を務め、旅館甲子園でも原姉弟を支えてその中心になっていった。

調理場を治外法権化して、権力を好きなように使い、自分さえよければという志向を持つ、よくある和食調理人ではない。

忙しいときには予約の電話も受けるし、接客や掃除の手伝いもする。

しかし腕は一級品だ。

実家は福島飯坂温泉で旅館を営んでいた。彼はいずれ実家に戻るつもりで和食の修業を外で積んだ。その修業先が半端ではなかった。宮城県で有名な料亭「鐘景閣」。旧伊達邸を移築した由緒ある建物だった。伊達家の食文化を継承する食事処といわれ名士が集まった。

過足はそこで8年も修業し、二番を務めていた。まだ29歳の若さだった。

しかし調理長になって存分に腕を振るいたいという欲求が強かった。

そんな時に「流辿」から調理長の話が持ち込まれた。２００４年のことであった。

「流辿」は築40年の古い旅館を買い取ったばかりで改修工事の余裕のないときだった。

今までいた料亭とは建物も設備も雲泥の差があった。

過足は一瞬ひるんだが、「試してダメだったらやめればいい」程度しか考えないで入社した。

当時は自分のことしか考えなかった。

しかし芝居を呼んで集客を図ろうとする父親の会長や、寝ずに頑張る華織女将を見ていて徐々に自分の意識は変わっていった。


３カ月ぐらいして「この人たちとやれば間違いないな」と感じるまでになった。泊まりに来てくれた親類や友人から「あなたの腕ならもっと他にいいところがあるのに」という忠告にも反発して「今に見ていろ、立派な旅館にして見せるから」と決意を固めていった。

もともとは旅館の息子である過足は大きな旅館にはあまり興味がなかった。家族経営の旅館を一からしっかりしたものに創り上げていくことに生きがいを感じていた。

第1回大会の壇上で過足は、次のようにスピーチした。調理場が1人なので夜遅くまで翌日の仕込みに追われていたが、そんな時でも必ず華織は自分の仕事が終わるまで事務室で待っていてくれた。しかも待っているそぶりは見せず、自分も仕事が忙しいから遅くなっているのだという姿勢を崩さなかった。

うつ病の暗いトンネルから抜けだして朝礼に新風を吹き込んだ太一郎のやり方生き方に彼は同調し、自分も率先して彼の手助けをしていった。

居酒屋甲子園のことは太一郎から聞いていたしDVDもみていた。「いいところは真似しよう。それによって前に進めばいいではないか」と誰よりも積極的だった。

家族労働のレベルで多忙を極めていた時には、調理場に閉じこもっているわけにはいかない。他のスタッフの仕事も手伝わざるを得なかったという事情が彼を変えたきっかけになった。朝礼を通して培われた仲間として共にあるという精神が、料理人としての己の意識を根本から変えた。接客係もフロントも彼にとっては共同で仕事をする仲間になっていった。

旅館甲子園ファイナリストに決定した時には「いつもやっていることがどこまで通用するのかやってみたくなった」というから、原姉弟とすでにビジョンは共有していた。

第1回の時も第2回の時も、彼は主役の1人になって全体を引っ張っていった。

季節物へのこだわり、蔵王の湧水で育ったブランド鱒や仙台牛などの地元名産への愛着、温泉を使った水耕栽培の試みなどを生き生きと語り、世界進出の夢を堂々と語った。

やはりグランプリをとった

「優勝するイメージしかもっていなかった」という「流辿」全員の想いは、毎日の朝礼で生み出されていくポジティブシンキングの現れとしか言いようがない。華織は優勝した時のスピーチまで考えていたというのだからこの思考回路は半端ではない。

アスリートの世界ではそんな例をよく聞く。

猛練習の末、戦う場になって頭から雑念が消え、いつの間にか勝利した時に歓喜するおのれと、仲間と観衆の声が聞こえてくる。それが番狂わせの勝利をもたらしていくというミラクルな話などがそれだ。つい最近ではラグビーの名プレイヤーだった今泉清の話を聞く機会があって、世紀の番狂わせといわれた2015年のワールドカップイングランド大会で日本が南アフリカを逆転で倒したわけを聞いた。コーチのエディ・ジョーンズは就任早々、選手たちに、相手1人に3人でタックルすれば勝てると宣言。誰も信じなかったが、猛練習を積み重ねた。試合当日、選手たちはいつの間にか勝てると信じてグラウンドに出ていき、勝った時のイメージさえ持つようになったという。

居酒屋甲子園のファウンダー大嶋啓介は最近〝予祝〟をよく口にする。「前祝いの法則」という本も共著で出している。事前に祝ってしまえば脳はそのように活動していくという話だ。華織のポジティブシンキングもこれに近い。

さてこの「流辿」ではおもてなしを「思手成し」と表現する。「思いを乗せた手でことをなす」という意味に使い、おもてなしをルーティーン作業にしないで、〝想い〟を主語において解釈するようにしている。

また商売上の表現に置き換えて、近江商人の商売哲学である「三方良し」をモットーに顧客満足、従業員満足、そして取引業者、地域の人々の満足を目指している。

これらの理念の話は壇上のスピーチの随所に出されていた。

印象的だったのは２０１１年3月の東日本大震災の時のスピーチであった。

温泉の湯がストップしてしまった。それでなくとも地震の影響でお客は来てくれない。

華織が一番心を痛めたのは社員の給料のことと被災者のこと。

幸い２週間後には湯が出るようになった。ほっとする間もなく彼女は被災地に飛んで、被災者に温泉の湯で心と体をいやしてもらおうと来館してもらった。

被災者のなんとも言えないほっとした顔を見て彼女は救われていった。

「なんと素晴らしい仕事をしているのだろう」と心底思ったという述懐は、今日という日を最大限に生きなければという自戒の念に続いていき、「今日という日は、今日を生きられなかった人たちの今日だから」という言葉で締めくくられたスピーチの意味は深かった。

やはり壇上でスピーチした菅原正晃の話も大震災にまつわる話で、この旅館の精神性を物語るエピソードだった。

彼は入社が内定していたが旅館の状態は震災後の整理で忙しく、受け入れる体制が整っていなかった。菅原は仕方なく他の会社に就職せざるを得なくなっていた。

そんなある日、専務の太一郎がわざわざ彼を迎えに来てくれた。

菅原にとって社会人になる第一歩で優しい心根に向き合うことができた喜びを語った。

壇上で繰り広げられた朝礼は圧巻であった．毎日行なっていることなので一糸乱れぬ統制のとれたものだったが、経営理念、心戒十訓の唱和や日本一宣言を通して彼らはここに属していることに誇りを持ち、輝いていた。

そのうちの1人伊藤勇は、この旅館の仲間の1人として働いていることにいつも感謝している。伊藤は角田市の生まれ。定時制高校時代は夜遊び、さぼり、タバコの毎日で、まともな学生生活を送ることはなかった。暴力行為はなかったもののこれでは就職は難しい。

県内は就職氷河期だった。そんな自分をこの旅館は雇ってくれた。

もちろん華織や太一郎が彼の性格を見抜いてのことだった。

その感謝を決して忘れることはなかった。だから「自分からは辞めるとは決して言わない」と心に決めている。

彼は居酒屋甲子園のDVDも見せてもらった。登場する彼らと自分は一つだと思った。

専務が「てっぺん」に連れて行ってくれた時も、その朝礼でスピーチを取りに行ったのも彼だった。経営者への感謝はやがて仲間への本気の感謝につながっていった。旅館甲子園は彼にとってその感謝を確認する場でもあった。

第2回大会はファイナリストに残って再びステージに上がった。

「流辿」の理念重視の経営がどんどん浸透して、仕事上のスキルアップにリアルにつながっている状況が報告されていった。

経費の削減の意識、生産者の想いを伝えながら売り上げ増につなげた売店の話、お客情報を共有

「流辿」と「流辿別邸　観月聴月」の外観

するためのコミュニケーションツールの有効活用など実務面がより充実してきていることなど、旅館甲子園の経験によって着実に成長していることが明らかにされた。

この大会のグランプリは渋温泉の「さかえや」に譲ることになったが、「流辿」にとって、準備の過程で大きな財産をいくつも残していった。

青根温泉のブランディング

今の課題は青根温泉そのものをいかにブランディングしていくかである。廃業が続く旅館は今後も出てきそう。しかし「流辿」と手を携えて、という旅館も出てきそうもない。そうなると廃業する旅館を買い取って、原ワールドを作りながら青根温泉ブランドを発信していく以外になさそうである。

自然環境は申し分ない。サルも人間を恐れず道端で戯れている。鹿もよく目にする。

今太一郎はある試みを始めた。失敗したら本体に迷惑が掛かるので、太一郎の自費であるプロジェクトを立ち上げた。

1棟貸し切り宿というコンセプトだ。

2018年に青根温泉に1棟貸し切り宿「星月」をオープン。旧青嶺閣跡地の建物が大正6年築という魅力ある古民家だった。自然に囲まれた一軒家。そこで自分の感性を試したいと思った。自分のやりたい宿が明確になり始めた。

3ベッドルーム、ダイニングキッチン。露天風呂はおしゃれで小ぶりの日本庭園に囲まれている。銀行にもっていった事業計画書は「面白い！　進めましょう」と快諾された。

担当者が心を動かされたのは「ビジョンストーリー」。都会に住む一組の夫婦がそこに泊まりにきて、温泉、料理、自然によって心も体も癒されていくというストーリー。オープン当初は客が入らなかったが7月の3連休を機に予約が入り始め、8月は毎日お客で埋まったという。

食事は「流辿」でとることもできるし、ケイタリングもしてくれる。冷蔵庫内飲食物無料。高級アジアンリゾートのヴィラのようなイメージだ。これが青根温泉内で何棟もできたら、青根温泉は今まで日本になかった温泉リゾート地に変貌するかもしれない。

事実2棟目が建築中だ。

渋温泉「さかえや」（第2回、第3回連続グランプリ）

連続グランプリを実現した止まることのない組織力

湯本晴彦の第2回大会出場の決断

第2回大会のあった2015年の年は、湯本晴彦にとって長野県青年部の最後の年だった。

湯本晴彦氏

青年部が立ち上げた旅館甲子園は、第1回大会は見逃したが、ずっと気にかかっていた。

崩壊しかけた組織もようやくまとまりかけていた。

前年の2014年8月、更にその組織を強化したいと彼はエントリーフォームを取り寄せ、第2回大会に挑戦する決意を固めていった。

彼は組織の強化に必死だった。もう二度と過去の苦い経験はしたくなかった。

経営方針をめぐって確執が絶えなかった父親の

先代が母親の遺言がきっかけで彼に社長の座を譲ったのは２００７年のことだった。翌年はリーマンショック。団体旅行も減少し、売り上げがどんどん下がっていった。

社長になったのは自分だ。もう誰も助けてくれない。コンサルタントにも頼んだが莫大な金をとられただけで何の解決にもならなかった。こうなったら自分が変わるしかないと、今度は自己啓発セミナーに通いだした。

「社長は宗教にはまりだしたのでは」と、従業員は不安になっていった。やがて幹部の反発は露骨になった。解雇した幹部との労務裁判。そして敗北。そのあとも幹部の退職が続いた。

組織はぼろぼろになった。唯一自分を支え、団体旅行から個人旅行への転換を手助けしてくれた調理長は、２０１１年の夏ごろから売り上げが回復基調になってきた矢先、心筋梗塞で突然死してしまった。

「もう終わったな」と湯本は絶望の淵に立たされた。偲ぶ会の時、昔知り合ったコンサルタントの方が訪ねてきて、この旅館のただならぬ雰囲気に驚いて湯本に尋ねた。湯本の話を聞いた彼は翌月訪ねてきて「頭の中を変えようとしないで、現場から変えていこう」と提案。

その指示に従って湯本は階段の掃除から始めた。「こんなことをして何になるのだろう」と何度も思ったが彼は耐えた。やがて周りの変化に気がついた。社員の雰囲気が変わっていったのだ。

４月に新卒採用した４人の若者（堀内勇斗、両角日香里、中森慶子、北村優香）は、この旅館の暗い過去を知らない。館内に元気のいい雰囲気を創り出していった。

「よし、この若者たちを中心にして立て直そう」と湯本は勇気がわいてきた。

若者たちはみんな、トイレの掃除も館内の掃除も率先してやりだした。

館内の飾りつけも積極的だ。廊下の竹垣に置かれる20キロもの石もホームセンターに行って買って並べた。緩やかに蛇行した廊下は照明効果も手伝ってすっかり様変わりしていった。

お客に出すハガキも手書きでなければ心が伝わらないと時間ができると自主的に行なっている。また引きこもり、不登校など問題を抱える生徒の就労支援も社員たちの協力の下で続けられた。

組織は見違えるように変化してきた。

その勢いを持続し、より高いところを目指していこうという気持ちが湯本を旅館甲子園出場に向かわせていった。

積み重ねている自分たちの素晴らしい仕事の価値、チームワークの価値を認識してより高みを目指すには、全国の旅館の仲間にその事実を明らかにし、そのあり方を問うのが最善だ。だから湯本の旅館甲子園出場の決意には並々ならぬものがあったのだ。

第2回大会準備で組織がひとつになる

２０１４年の青年部全国大会で「さかえや」はファイナリストに決定した。

湯本は直ちに第1回大会のＤＶＤを繰り返し観ながらプレゼンテーションの構想を練っていった。

せっかく新卒者によって館内は明るくなったのだ。プロジェクトをこの若者たちに任せてみよう。

大会1カ月前に迫った新年会の席でプロジェクトのメンバーが発表された。

リーダーが堀内勇斗で、サブが新穂杏奈、伊藤瑛の2人だった。

ここで堀内をリーダーに選んだ選択眼がすごい。湯本は新卒者として入社以来の彼のリーダーとしての可能性を見抜いていた。彼はまだ充分に開花していなかったものをここで存分に開花させようと判断した。

堀内勇斗氏

高校時代の堀内は周りから「バカオ」とバカにされていた。彼も誰からも期待されないし自分の可能性も信じていなかった。夢を持つことも忘れていた。

そんな彼は「さかえや」で生まれ変わっていった。彼を仲間として迎え彼の持ち味をみんなが認めていった。それによって自信も出てきた。

しかし指名はされたが、彼はパソコンもろくに使えこなせなかった。パワーポイントはまるっきりダメだった。ただ彼の素直で人のために一生懸命尽くす人柄を周りの人たちは愛した。先輩たちも彼を支えていった。神輿を担ぐように皆が彼の周りに集まった。

しかし本大会は2月18日でまるっきり時間がなかった。

湯本社長は1週間の研修で1月中旬にならないと帰ってこない。

サブの新穂杏奈も準備に大わらわだった。壇上に上がる発表者とのやり取り、宿泊場所の確保など、仕事の合間をぬってやるので目が回る忙しさだった。

新穂は高崎市の短大で観光業を専攻し、宿泊業を目指した。しかし学生時代はやりたいことが見つからず、ひとつのことに熱中する体験がなかった。人と比べてもできないことばかりでいつも後ろ向きだった。群馬県を出て自分を試したいと思って長野市で催された合同企業説明会に出てそこで「さかえや」と出会った。説明会の後に設けられた懇親会で「さかえや」のスタッフと話す機会があり、そのやさしさ、明るさにあこがれ採用試験を受け入社してきた。

入社した彼女はフロントをやりながらいろいろな仕事をこなすうち、自分の可能性がどんどん開花していくことを実感していた。廊下のデザインにも参加していった。

そんな彼女を堀内同様皆が支えていった。

2月に入ってリハーサルがはじまった。あと18日しかない。

壇上に上がる仲間を支えるため、残った人は限られた人数で旅館を回していった。神経を使う婚活イベントなどもあったが、それでもその人たちでやり遂げてくれた。

堀内も新穂も、こんなにも協力し合って、ひとつの目標に向かう体験をしたことはなかった。

「白紙から立ち上げ、みんなで作り上げる体験は自分を変えていく大きな出来事だった」と新穂は、今でもその時の空気感を大切に胸にしまい込んでいる。

圧巻のパフォーマンスを展開

2月18日、第2回大会が東京ビッグサイトで幕を開けた。最後の5番目に登場した「さかえや」のプレゼンテーションは、面白い場面を交えながら、途中でつい胸が熱くなる話が絡み、観客の心を引きつけて離さない素晴らしいものだった。

まず登場してきた進行係の関澪は、女性調理人で、1週間前ぐらいに突然指名された。それまではメンバーに加わっていなかった。全体の流れの中で、進行係が必要と気づき、急遽彼女に指名がかかった。高校時代、学校の行事でアナウンスの係になっていた経験が買われた。

テレビ信州のアナウンサーが来て講習会をやってくれての登場となった。

何の心の準備がないままでの壇上。どうしていいかわからなかったし、立っているのがやっとだった。

裏で控えていた仲間がそれを支えてくれた。

終わった直後、ステージ裏でぼろぼろになって立っていられない状態だった。

普段は調理場に張り付いている彼女は、仲は良かったが仲間を仲間として意識することは少なかった。しかし立っていられない自分を支えてくれたことで仲間を強く意識するようになった。

笑点のパフォーマンスは、意外性とユーモアがあって会場を沸かせた。

日テレ日曜日の人気番組笑点の大喜利をスタッフでやってのけたのだ。発案は調理人（のち調理長）の山本陽介。

彼が司会をやり回答者は、伊藤瑛、北村優香、荒井大悟、堀内雄斗の４人。座布団運びは進行役を務めた関澪。

リハーサルを積み重ねた結果なのだろうが見事な仕上がりだった。

なかでも大受けしたのが荒井大悟のボケ役だった。手を挙げて指名されたにもかかわらず答えを忘れ会場をいつも沸かせる林家木久扇役を彼が引き受けた。

新井大悟氏

答えを忘れる姿がなかなかの役者ぶり。次に指名されたときはまともな答えを返したのだが、実は仲間はみんなハラハラしていた。

もともと忘れっぽい性質なので、忘れるところを忘れ、答えるところも忘れやしないかと周りは緊張していたようだったが、素晴らしい演技を披露してくれ皆ほっとした。

その荒井大悟は東京中野の調理師学校を出てアルバイト先の調理長の紹介で、以前兄弟子だった山本陽介がいる「さかえや」にやって来た。研修でスタッフのやさしさに触れ、入社。

しかし旅館の料理の盛り付けは、学校で身につけた技量ではとても追いつけなかった。しかも忘れっぽい性質が時々顔を出し、複雑な盛り付けの順番を忘れたりして、調理の流れに支障をきたすことがたびたびだった。

上司の山本は荒井の人格をこよなく愛したが、人間には向き不向きがあることを配慮して、調理場から接客に移ることを勧めた。

荒井は一流のコックを夢見てこの世界に入ったが、いつも自分を温かく見守ってくれる山本の助言を聞き入れることにした。接客部門になってから持ち前の明るさがどんどん前に出てきて、お客にも仲間にも存在感のある存在になっていった。

プロジェクトリーダーの堀内雄斗のスピーチも会場を沸かせた。

彼はしっかりした文章も書くし、素直な字だ。しかしなぜか漢字だけはだめで、いつも人に笑われるミスを犯していた。「さかえや」では手書きのハガキをお客に書いている。とても困っていたところ、小学生5年生の妹から漢字5級検定試験用の練習帳が送られてきた。兄想いの妹の期待に応えて半年間一生懸命練習した。試験会場は小学生ばかりであった。そして見事合格。そのスピーチに会場から惜しみない拍手が送られ、会場に温かい風が吹いた。

ハガキも書き続け、その枚数1500枚以上にもなった。「コツコツ積み重ねれば人生は変わることがわかった」と締めくくられた。

この第2回の時はキッチンスタッフだった彼は、今では統括マネジャーとして、湯本の右腕になって旅館全体を支えている頼もしい存在だ。

両角日香里のスピーチも自分が背負った弱点を克服する物語であった。

彼女は堀内同様「さかえや」に新風を送り込んだ新卒4人組の1人。優しい人柄が笑顔にそのまま出てきて周りを和ませる貴重な人材。

そんな彼女は高校生の時代からパニック障害に悩まされていた。人に怒られたりすると息が荒くなり、手足がしびれてくる。それが恐ろしく、人に自分の想いを伝えることができなかった。

両角日香里

高校時代の部活の時、暑い体育館で厳しく指導を受け脱水症状になり3人が倒れた。そのうちの1人が両角だった。その時の原体験が脳に刷り込まれた。

「さかえや」に入社した時もその状態だったが、仲間とやりだしたトイレ掃除に夢中になっているとき、頭が空っぽになり、パニック障害は遠のいていった。

意識を外に向けた、ということによる効果もあったのだろうが、やはり仲間と夢中に取り組み、仲間の中で自分はそこに属されていることを自覚した喜びが、最終的にはパニック障害を取り除いていったのだろう。両親の愛に気がつき、両親を「さかえや」に招待し、両親とともに自分があると思うようになったのも「さかえや」に色濃く作られていった仲間の存在が引き金になったからだ。

新穂杏奈の元気のいいスピーチも印象的だった。

ここで働きたいという意志が最も強かったから採用されたと、お腹から出した甲高い声から始まった新穂のスピーチは元気がよかった。しかしそこから続いた話は会場の人たちをしんみりさせた。

おじいさんが連れてきた少女は、両親が離婚し、自分の顔にもやけどの跡が残り、不登校が続いていた。弱者にやさしく寄り添う宿だと耳にしたおじいさんは、その孫に笑顔を取り戻してやろうとこの宿を訪ねた。不登校経験のあるスタッフなどは、そんな彼女を観光名所などに案内し、話しかけ、彼女の心の障壁を優しく取り除いていった。帰るときには彼女の顔色が全く変わっていて、新穂は自分たちの仕事の意味、存在の意味を改めてかみしめていった。

勤続22年の徳竹玲子、美知代姉妹の登場もすがすがしいものだった。

中卒からこの「さかえや」一筋に働いてきたこの2人は、先代の存在も、今の湯本の存在も知っていながら、与えられた仕事を淡々とこなしてきた。下働きの地味な存在で生きてきたが、この旅館甲子園には喜んで巻き込まれていった。スピーチを申し入れたのも彼女たちだった。

壇上に上がって緊張はしたがしっかりと伝えるべきことを伝えた。

再びグランプリに輝く

第2回大会は見事にグランプリを獲得した。共に学び共に成長をしてきた証を獲得して、スタッフ全員に自信がわいてきた。館内の空気にも反映していった。

お客も、自信と誇りをもって接するスタッフの笑顔や気配りに不思議な癒しを味わった。

女将や仲居頭のお客への気配りがその旅館の格を現す有名老舗旅館のものとは違って、ここでは働く者すべての心配り、気配りが独特な品性や空気感となって立ち上がってくる。

湯本自身、旅館甲子園が与える影響がこれほど大きいとは思わなかった。

ひとつになっていったことは大会を通して実感できたが、その体験を通してスタッフたちがそのひとつになったものを仕事を通してもう一段高いところにらせん状に持ち上げていこうとしている姿に驚いていた。もうこうなったら、次の第3回大会にも出場して、成長している事実を再び全国の旅館の仲間に報告するのが使命だと感じていった。

2016年秋の青年部全国大会で「さかえや」は再びファイナリストに選ばれた。

第3回大会へのプロジェクトはファイナリストに選ばれる1カ月前には発足していた。

今回のプロジェクトリーダーは荒井大悟。今や堀内勇斗を脇で支える貴重な戦力にまで成長している荒井を、ここでもう一歩成長させようと湯本が考えた人事だ。

大森美花と石川千聖がサブについた。

2年間で成長した自分たちを見せることを課題に、全体を貫くテーマを全員経営全員営業としていった。心を一つにすることによるマインドの成長は、同時に経営参加、営業参加でよりリアルになっていったという報告であった。

キッチンスタッフから、その統率力、接客力を買われてフロントマネジャーに抜擢されていった堀内勇斗は、たった2年間で顔つきも変わって貫禄がついてきた。

グランプリをとった旅館に期待するお客に満足していただくには、ハード面の改善が不可欠だと思った堀内は、修繕箇所を列挙してみた。しかしどれも多額の投資がかかるものばかり。

今の「さかえや」にはその余裕がない。それならば今自分たちができる範囲でやっていこうと、部屋のグレードアップに取り組んでいった。

大森美花はそのグレードアップした部屋を、あるご夫婦におすすめした話を披露した。

ある女性から「主人の誕生日に宿泊したい」との電話を受けた大森は、値段が高くなった部屋を薦めることに一瞬躊躇した。しかし仲間の想いに応えたいと考え思い切っておすすめした。「随分お高いのね」とつぶやきながらそのご婦人はリニューアルされたその部屋に決めてくれた。

来館する日には部屋の掃除、飾りつけを大森は心を尽くして行なった。

大満足してお帰りになったその婦人から手紙が届いた。大きなスクリーンに映し出されたその手紙は素敵な絵手紙になっていて、大森に対する感謝が綴られていた。

提案に誠実さがあればお客に喜ばれるのだと彼女は悟った。

大森は三重大卒で、就職は宿泊ビジネスに絞っていた。マイナビのページで「さかえや」を知り、会社説明会に参加して、「あったかいなー」と感じて入社してきた人だ。
3、4年続けていたフロント担当の時には、何をしたらお客が喜ぶのだろう、お客が来館して感じる〝安ど感〟とはなんだろうなど、おもてなしの根幹にあるものをいつもフロント仲間と話し合っていた。部屋に入ってまず手にする手作りの館内案内書を見て、お客は、行間に漂う繊細で心優しい心遣い、気づかいでほっとする。これを作ったのも大森だ。
グレードアップした部屋の販売によって必要経費が生まれ、堀内が望んでいた全館Ｗｉ－Ｈｉの完備を3カ月で成し遂げた。砂利を敷いただけの駐車場もその6カ月後にはアスファルト舗装のそれに様変わりしていった。

その従業員のコツコツ稼いだお金でハード面の整備を着実にやってきた事実を、荒井大悟が堂々とスピーチしていったのも印象的であった。

菅原麻弥は接客を担当していたが自分たちも営業に貢献す

「さかえや」の外観

ることはできないかと考え、商品開発に取り組んだ。プリン、バウムクーヘン、特製味噌などを作り売店に並べた。

しかし館内販売には限界があった。

人気のあったプリンも月にせいぜい30個程度しか出なかった。思い切って外部に持ち込んだ。コンビニや道の駅などに売り込んでみた。

なんと、最寄り駅のトイレ掃除をやっている「さかえや」の従業員を周りはみんな知っていて、快く置いてくれるところが見つかった。今ではプリンは月1000個まで売れるようになった。

菅原のこの報告も、全員経営全員営業を全員が取り組んでいる例として、会場の人たちを納得させた。菅原は長野大学社会福祉科を出て、介護事業の世界に入ろうとした。いずれ旅館でも介護事業を始めたいという湯本の言葉で「さかえや」に入社した。接客はできると思わなかったが、採用を担当していた両角と出会い、この人と一緒に働きたいという想いから接客の世界に入ってきた人だ。仲間が仲間を巻き込んでいくこの社風がすごい。

梅澤有里のミス志賀高原に選ばれた話も会場を沸かせた。

友達の中に入ることが苦手な梅澤は、中学生のころからいつもひとりで憂鬱な日々を送っていた。朝起きると頭痛や吐き気がして不登校を続けた。

高校時代は先生や仲間に認められ、がぜん元気を出して生徒会長までやった。

しかし高校を出て新潟にあるブライダルの専門学校に入ってから、また仲間から外れてひとりになり不登校が始まった。自傷行為まで行なった。

そんな彼女が40日の就労体験で「さかえや」にやって来た。

そこには自分のすべてを認め、温かく迎え入れてくれる仲間がいた。仕事ってこんなに楽しいものだと初めて気がついた。研修を終えた後、採用試験を受けて入社。

フロントでみるみる明るく積極的になった彼女は、その後「さかえや」の名物になる和太鼓のリーダーとしても活躍を始めていった。

少し落ち込んでいた時、湯本は更なるモチベーションを高めようと、ミス志賀高原コンテストに出場することを薦めた。前に出ていく積極性を取り戻させるためだったのだろう。

梅澤有里氏

仲間たちの支援の甲斐があって、彼女は見事にミス志賀高原になり、観光イベントなどにも呼ばれるようになっていった。
今では梅澤は「さかえや」の仲間に隠し事はしない。過去の自傷行為を含めすべてをさらけ出していった。それを仲間は快く受け入れてくれた。自分はもうひとりではないと自覚した時、両親への感謝が強く彼女を支配していった。

アトラクションとして和太鼓が披露されたが、激しい練習の甲斐あって見事なものだった。心がひとつになっていることを誇示し喜びあっているように、それは会場に響き渡った。

湯本の旅館甲子園

第3回大会も、2年間の活動報告が評価されて、再びグランプリを獲得した。

この組織は決して止まることがない。第2回大会以降、グランプリに恥じない旅館に磨きをかけるために、全員経営、全員営業をテーマに掲げて経営の勉強に励んだ。

組織内の流動化も活発だ。淀みをつくらない。キッチンスタッフをフロントに移したり、フロントの人材を接客などの裏方に移したりして流動的だ。

小規模旅館の経営に不可欠な多能化（マルチタスク）を進めていくという意味もあるが、ここではスタッフの潜在的な可能性を見つけていくという意図のほうが強い。

第2回大会の壇上で湯本は、旅館甲子園に挑戦しようとした想いの中に、知的障害をもち旅館の現場から長い間外されている弟が、再び現場で共に働けないかという期待があったと述べた。

そして第3回大会の最後のスピーチでは、旅館甲子園挑戦によって生み出された、社内の「共に学び共に成長する」雰囲気の中で、閉じこもっていた弟が殻を破り、蠢動し自分もここにいていいのだと理解して、スタッフのひとりとして働きだしたことが報告された。

舞台裏から姿を現した弟が「こんにちは。僕が弟の充彦です。よろしくお願いいたします」と会場にむかって大きな声であいさつした。湯本の想いがかなえられた瞬間であった。

湯本の弟への想いは彼の組織づくりの根底をなしている。それは弱者をも巻き込み、仲間とともに成長していく人間集団を創り出す考え方へと昇華されている。

引きこもり、不登校、知的障害に悩む若者を受け入れ、共に働きながら再生させていく。

ここでは特別な外的力やマニュアルがあるわけではない。

数年前から立ち上げたフリースクールもその延長線上にある。

さくら国際高校のサテライト校としての資格を持ち、常に、2、3人の学生を受け入れている。どこにも受け入れなかった生徒が、働きながら高校卒の資格が取れるこの制度を旅館が引き受けているという事実は尊い。

舞台裏での受賞の喜び

湯本はこの弱者の再生は旅館が最も適しているという。それは24時間、客や仲間と一緒に過ごす場であるからだという。確かにここではひとりではいられない。しかも他者との接点が途切れることがない。喜びや感謝の言葉も返ってくる。引きこもり、不登校の人の障壁は自然と取り除かれていくのだという。

湯本はまた第3回大会のスピーチの中で「自分はこれまで、できないものをダメな奴と決めつけてきた。しかし旅館甲子園を通してそれは間違っていると気づかされた。そのダメと決めつけた者たちによって旅館は支えられ、こうやって大会でグランプリまで取れたのだから」。

弱者への視点と同じだ。経営者としての視点が上からのものではなく、下からのものに大きく転換させられていった。

松之山温泉「酒の宿　玉城屋」（第４回大会グランプリ）

異色なスタイルでグランプリの波紋

異色な経営組織論に驚く

第４回大会のグランプリは山岸裕一という若い異才率いる「酒の宿　玉城屋」が獲得した。

山岸裕一氏

第４回大会はこれまでファイナリスト５施設を３施設に減らしての大会であったが、これからの旅館甲子園のあり方を考えるうえで重要な問題を提起した大会でもあった。

３回連続でファイナリストに残った伊香保温泉の「松本楼」、初登場の四万温泉の「柏屋旅館」のプレゼンテーションはこれまでの旅館甲子園が目指していた路線の延長線上にあって、働く人たちの「共に学び共に成長する」姿を赤裸々に語り、競い合うという熱のこもったものであったが、その点では「玉城屋」は異色であった。

ここ数年でつくりだしたスペシャリスト集団。その集団による突起したサービスの提案。その内容がある客筋に支持され、売り上げを3倍に伸ばした。

2つ星レストランでシェフを務めたフランス料理の鬼才、1年のうちワインを3万本試飲するというスーパーソムリエ。大学生時代、日本酒コンテスト学生の部で全国3位になった新入女子社員。東京六本木のロブションでサービスを担当し、更に東京リッツカールトンでコンシェルジュを務めた女性。ＩＴを駆使して集客、顧客管理を専門に行なうＩＴ部長。それを取りまとめる山岸もソムリエであり唎き酒師でもある。彼は第5回世界唎酒師コンクールファイナリストにもなっている。

このスペシャリスト集団が、浴衣姿でダイニングルームに集まったお客に独特なメッセージを提供していく。

ハード面からみれば一流とは言えない10室の小さな旅館で繰り広げられるこの一流の宴は決して肩ひじが張る緊張感はない。とても不思議な感覚に陥ってしまう。

これら「玉城屋」の姿は明らかに新しい旅館のあり方を主張しているが、これを旅館甲子園で表現するとなると見方がはっきりと分かれていくようだ。

ひとつは「にわか創りのスペシャリスト集団が織りなす旅館経営のあり方と、時間をかけながら輝いていく社員たちが共に成長していく旅館経営のあり方とは違う。旅館甲子園の存在意味は後者にあるのでは」という意見がある。

一方「旅館にかかわる者たちが、そこに成功するビジネスモデルのあり方を見つけていくところに旅館甲子園の意味があるのでは。そういう意味では『玉城屋』の提案は若い経営者たちに旅館再生のヒントを提案してくれた」という意見も強かった。

また「この大会の審査員たちは、旅館甲子園の何たるかを知らない人たちばかりで、ビジネスコンテストの審査と勘違いしている人が多かったのでは」と審査員の価値判断の理由で、異議を唱える人もいた。

相反するこれらの意見をひもときながら、「玉城屋」が提起した問題の本質はどこにあるのかを考えることは、そもそも旅館甲子園は何のために存在するのかを問い直す重大な契機になるのではと思う。まずはそのプレゼンテーションから見ていこう。

第4回大会のプレゼンテーション

壇上に上がった「玉城屋」の社長はともかく若かった。1982年生まれの36歳。知性と優しさが漂う華奢なその姿は一見頼りなさそうにさえ見える。

しかしいったん語りだすと、この新潟県十日町の山深い松之山に、東京で活躍するスペシャリストたちを呼び寄せ、「酒の宿」に特化した旅館を短期間の間につくりだしてしまった仕掛け人のふてぶてしいまでの自信が感じられてくる。

壇上で山岸がアピールしたかった内容は2つ。1つは各分野のスペシャリストが持つ能力、人間力の総和によってマグネット力のある旅館を創り出しているということ。

もう1つは地域とのかかわり方について。今、松之山温泉には10の旅館があるが、各旅館が個性を打ち立てることによってその総和が松之山全体の活力になっていく。玉城屋は率先して「酒の宿」に特化させて地域に貢献している。

両者に共通していることは優れて個性的な個の総和が、特化した全体を創造していくというベクトルで、その逆はここでは語られていなかった。「いままでの旅館甲子園のトーンと違うな」と感じた人は、全体のチームワークが個を変化させ強化するという逆のベクトルの熱量を可視化できず戸惑ったと言えるのだろう。

壇上で紹介されていったスペシャリストは確かに半端ではない。

「1年間3万本ワインを試飲する変人」と紹介された小野寺悠也は、山岸の中学校時代の同級生。宝飾の職人を4、5年やった後、スペインの800キロある巡礼の道を踏破しているうちワインにはまり、帰国後ワイン学校に通って24歳でソムリエの資格を取った。5年ほどワインバーで働くうち山岸と再会。京都でワイン専門の酒屋で働いたのち東京にもどり、スーパーソムリエとして試飲の毎日。ワインの輸入業者が依頼してくるテイスティングを請け負うプロである。

彼は山岸に乞われて、「玉城屋」が新たに設けた旅館「醸す森」の支配人として金、土、日の3日間松之山に来て働いている。旅館甲子園は初めての経験で、他のファイナリストが熱いのには驚いた。

栗山昭調理長も超一級品だ。務めていた六本木の2つ星レストラン「リューズ」のオーナーシェフ飯塚隆太が十日町の出身という縁もあって、山岸の挑戦に同意してここにやって来た。スピーチでは、地のものを使った和テイストを入れたフランス料理を試行錯誤しながらお客に提供していることをとつとつと語った。

入社したばかりで壇上に上がった杵渕未来は、若い女性唎き酒師だ。

新潟大学理学部出身。20歳になって新潟駅の土産物売り場で日本酒をテイストする機会があり、日本酒にはまってしまった人。酒屋の経営する日本酒バーでアルバイトをしたり、居酒屋の料理人たちと酒蔵見学に行ったりしながら、学内では「雪見酒」というサークルで活躍。

栗山昭氏

2年前の全国唎き酒選手権学生の部で3位に輝き、杵渕の人生は日本酒関係の仕事へと舵を切っていった。ディナーではフランス料理のその日の1品1品に合った日本酒を9種類提供していく「のんべえプラン」の酒選定という大切な役をこなしている。

旅館甲子園の壇上でもスピーチしたが面白い体験だった、という。

ＩＴ担当の高橋清史は２０１７年に

山岸がフェイスブック上で放った「一緒に挑戦してみませんか」の誘いに乗ってやって来たスタッフだ。予約管理などITにかかわることを担当している。だからといって、いつもパソコンに向き合っているわけではない。送迎、掃除などのルーティーン作業をこなしたうえで、専門作業に向かっていく。

彼は東京の映像専門学校を出て一時テレビ制作にもかかわったが、体を壊して十日町に帰ってきた。運送業、旅館のフロント、地元の観光協会の仕事などを手掛けながら自分探しを行なっているときに、山岸のメッセージに引き付けられ戦列に加わった。

旅館甲子園では、改めて仲間のスペシャリティを知り、自分の得意分野は何なのだろうかと考えるようになり、今の部署に落ち着いた。

斎木夏織は2児の母で、子育てしながら働いている。朝食のサービスや掃除をして17時には仕事を終える。彼女は5年間美容師をしていたこともあり接客業は好きだった。そして何よりも小さいときから絵が好きで、その特技を仕事に生かしてくれる山岸の方針がうれしかった。メニューのイラストは彼女の手によるもの。旅館甲子園の壇上でもそのことを誇らしくスピーチしていた。旅館甲子園出場に関しては、みんなで一緒に何かをやるということがなかったから、うれしい体験だったと語った。

栗山裕貴子のスペシャリティも超一流だ。彼女は午後からの出勤だがサービス全般を見ている。山岸の片腕的な存在だ。

23歳で渡英。ロンドンのホテルで勉強し帰国。六本木のロブションで2年間サービス担当。その後リッツカールトン東京含め都内宿泊施設でコンシェルジュを6年間勤めあげた。料理長の栗山から、山岸のビジョンを聞かされ、彼からの強い誘いもあり、悩んだすえ「玉城屋」にやって来た。リッツカールトンと比べて、ハード面はともかくソフト面でも〝寸法〟が違う。それを承知でやってきて、小規模な旅館「玉城屋」の今後の成長がどのようなものになるのか、それをイメージしていくのが生きがいになっている。

山岸は、彼女の提案に誠実に対応し実行に移してくれる。

彼女にとって山岸は少し頼りないように見え、支えていかなければと思わせるところがあるが、そこが彼の魅力だという。そういえば他のスペシャリストもみなそう思っているところがある。

地域の活性化への取り組み

山岸が強調する地域全体をよくするという発想はまだ初動の段階だ。

翻訳、通訳の会社を経営する女性社長がネイティブな英語を混ぜながらアピールした「日本酒ツーリズム」の話も、農業をやりながら地域おこしをしている男性の、「醸す森」を使っての地域の人々の寄り合い、ワークショップの話も、山岸の描く地域全体の活性化という意味ではこれから始まろうとしている話の段階。

ただ「玉城屋」の真ん前で、松之山では一番大きい「ひなの宿　ちとせ」を経営する柳一成の話は、リアリティがあって地域が一体となるイメージを示唆してくれた。

壇上でスピーチした柳は自分の旅館の目の前で、短期間の間に斬新なアイデアを出し続ける若い山岸に驚きながらも、この田舎の小さな旅館街に新鮮な息吹を吹き込む彼の偉業に拍手を送った。若く際立つ山岸の行動に、この旅館街ではやっかむ者はいないと柳は言う。

もともと横のつながりが強い旅館街だからだという。

2008年の中越地震とその風評被害で地域全体が地盤沈下していった。

そこで地元の旅館、土産物店、運輸にたずさわる16名が立ち上がり、温泉街の活性化を目指して「まんま」という名の旅行会社を立ち上げた。

チェックイン後、チェックアウト後のひと時を、地域の財産である自然やアートを楽しんでもらおうとツアーを企画した。ブナの木の林で森林浴が楽しめる美人林を案内したり、森の学校キョロロや里山アートなどを案内するものだ。

そんな活動を続けてきた人たちだから、山岸に対する期待も大きい。

今は山岸が主導する日本酒の世界を、他の旅館の人たちも参加して街全体で広めようと「日本酒ナビゲーター」という制度に旅館組合が取り組み始めた。組合長である柳も、「私も日本酒ナビゲーターになりました」と嬉しそうに語っていった。松之山ではどの旅館でも、日本酒ナビゲーターがいてお客に料理に合った新潟のお酒をお勧めできる体制を目指している。

旅館甲子園が終わった5月22日には、旅館甲子園グランプリの祝賀を兼ねて、旅館組合主催の会が「醸す森」で開かれ、そこで「地酒を楽しむ（醸す）温泉街」宣言が発せられた。

そうやって山岸の地域全体のブランディングは日本酒を軸に始められた。

しかし山岸のイメージする地域の活性化は、日本酒をきっかけにもっと各旅館が個性を磨き、その総和によってつくりだされる地域ブランド力で、日本の、さらには世界の人々を松之山に集客していくというもので、素敵なバルが集積して、その集積効果で今や世界からグルメ観光客が押し寄せるスペインのサン・セバスチャンを目指していくと夢を語った。

まだ始まったばかりの山岸の挑戦だが、夢の形がはっきりしている。次はどのような手を打ってそこに近づいていくか楽しみである。

スペシャリスト集団の意味するもの

山岸が父親の跡を継いで経営をスタートさせたのが、2016年7月。旅館甲子園の第4回大会が2019年2月。たった2年半で壇上に上がりグランプリをとったわけである。

しかも経営をスタートさせたときは、これまでとは全く異なったコンセプトで、自分ひとりで始めている。ひとりで旅館を切り回しながら、経営戦略をブラッシュアップし、そこに必要な人材を集めていくという組織論を展開していった。それが壇上に登場したスペシャリスト集団だ。

彼は横浜国大経営学部卒。いずれは実家を継がなくてはならないだろうと思い、卒業後なんと調理師学校で日本料理を1年間勉強している。その後も割烹料理屋でさらに1年修業。

その後はビジネスマンとして主に財務経理畑を歩んできて実家の旅館再生のために帰郷。実家の旅館はそれまでご両親とパートの仲居さん3人ぐらいで回していた。

さっそく彼は調理場に入り、料理の内容を変えた。まず料理をいちどきに全部出すこれまでのやり方を変え一品出しに変えた。それによって温かいものは温かく、冷たいものは冷たく提供することができるようになった。さらに地元の新鮮な野菜にこだわった。野菜をふんだんに食べられるという印象を強くした。

やはり割烹料理で修業しただけあって、どんなに忙しくてもダシには気を使った。

朝食用のだし巻き卵はダシの真価が問われるので毎朝自分が手掛けた。

朝のフレッシュジュースも評判になったメニューだ。そのようになくてもいいようなものは省き、お客が印象に残るポイントをしっかり押さえることを心掛けた。

さらに新潟という土地柄、お客が求めるもののひとつは日本酒。

山岸はこれを深堀りしていって50種類の日本酒を揃えた。

彼の孤軍奮闘ぶりを追ってみると、早朝から調理場に入って、大切にしているだし巻き卵とフレッシュジュースづくり。調理場の段取りを見ながらホールのサービス。それが終わるとお客のお見送り。さらにそのあとは夕食の仕込み作業。3時のチェックインまでの空き時間は、営業活動。当初はブログに載せるための観光地巡りに時間を費やした。

夕食時はすでに仕込みは済ませてあるので、前菜の盛りつけを行ない、後はホールのサービス。

売り上げを上げるポイントになった日本酒のサービスには力を入れた。

そうやって食事面ではだんだん特徴が絞られていった。

客室料は広さ景観などによって調整していったが、ルームそのものの客単価はあまり変えなかった。しかし付加価値部分である酒の売り上げによって客単価は著しく変わっていった。

山岸は現場に入りながらハード面で直したい箇所をチェックしていた。今の財務状態では大きな改革は難しい。そんな時に耳にしたのが十日町市のビジネスコンテスト。賞金が300万円。

山岸はビジネスマン時代に培った財務や経営の知識を動員してこれに応募（8月）、優勝（12月）してしまった。彼はそのことによって市長の信頼を得た。その信頼が銀行に飛び火して、低利の融資を受けられるようなった。

旅館も活気づいてきたが、ひとりではどうしようもない。人材不足を何とかしないとと思って、2017年にフェイスブック上で「一緒に挑戦する人はいませんか」という書き込みをした。それによって、まず8月にIT部長で活躍する高橋清史がやって来た。さらに11月には栗山昭調理長が東京からわざわざ飛び込んできた。この栗山の戦列参加は大きかった。

日本酒とフレンチのペアリングがこの旅館のキラーコンテンツになり、旅館の名も「酒の宿　玉城屋」に変更した。それが2018年3月。

山岸の快進撃は続く

「酒の宿」に特化するときにはいろいろな意見が飛び交った。一番多かったのは「今までのお客は激減するのでは」というものだった。何十軒も擁する旅館街だったら差別化の手段として採用するのはわかる。しかし10軒しかない小さな田舎の温泉街だ。近県の常連客のパイを前提にしているわけだから特化し過ぎたらマーケットは確実に薄くなる。心配するのは当然だ。

しかし山岸はディフェンシブな発想を嫌う。まず新潟十日町＝雪深い＝米がうまい＝うまい日本酒という日本人の十日町に抱くイメージを重視した。またネットによる情報の発達で、「酒の宿」の検索で必ず「玉城屋」が上位に飛び込んでくる技術を持ち、それがあたらしいマーケットを引き付ける時代性を認識していた。

案の定、客筋は変わった。日本酒とフレンチのペアリングという付加価値を認識する客が増えた。その勢いをさらに前に進めていくオフェンシブな山岸の挑戦は続く。

その年の3月31日、十日町市が経営していた「おふくろ館」が売り出されたのを知り、それを買い取った。7月に「醸す森」としてオープンさせた。「玉城屋」と違ってよりカジュアルな路線をとった。アラカルトのバルスタイルである。その翌年の旅館甲子園では壇上に上がった中には、「醸す森」のスタッフも含まれていた。

旅館甲子園の1週間後には、世界唎酒師コンクールに挑み見事ファイナリストになっている。

彼は今でも、夕食時にはダイニングに出てお客と会話し、料理に合ったお酒を進めている。彼はソムリエの資格を持っているのでワイン知識も半端ではない。

調理人でもある彼はまた栗山調理長の腕を深く理解しているので、ペアリングの話を聞いているだけでもお客は満足する。ロブションやリッツカールトンでハイレベルの接客技術を身につけてきた栗山裕貴子の、決して鋭角的にならない、まろやかなサービスにもお客は身を任せたように安心してくつろいでいく。ダイニングで過ごす客はいつの間にか〝泊まる〟物語の中で、酒と料理の世界に酔っていく。お客の意識の中ではいつの間にかくつろげるオーベルジュに来ているような錯覚を起こす。オーベルジュは今日本では増えているようだが、ちょっとおしゃれな洋館をイメージしてしまう。そこはあくまで食事が目当て。時間を忘れて、というところで〝泊まる〟が加わる。この「玉城屋」はあくまで旅館。〝泊まる〟ストーリーの中で素敵な酒と料理でハイライトを迎える。主語はあくまで〝泊まる〟にある。

「醸す森」の外観

これからの中小旅館のあり方、再生の方向性を示す貴重な提案であることは事実。

しかし「玉城屋」のこのあり方は山岸ならではの経営組織論が

欠かせない。

1つはビジョン、夢の提案。サン・セバスチャンを松之山でつくるという山岸の夢は、今のオフェンシブな経営を見ているとベクトルはいつもそちらに向いているように見受けられる。だからスペシャリストたちも楽しみながらその夢を共有している。

2つ目は山岸のリーダーシップのあり方。「醸す森」のような重要案件をどんどん決めながらスピーディに前に進む経営者は大体がトップダウンスタイル。しかし山岸はスタッフに耳を傾けながら物事を決めていく。地域に対しても組合長の柳のリーダーシップを支えながら、お役に立てればという姿勢を貫いていく。フラットな組織づくりに徹している。周りが支えたくなるようなリーダーである。

3つめは「働き方改革」。スペシャリストの力を最大限に引き出すためにも週休2日制、年1回連続10日間の休みを実行している。「玉城屋」の休館日は火、水で、「醸す森」が月、火。朝シフト（6時から12時）、夜シフト（14時から22時）の2交代制。掃除のパートは2施設で人材共有。

要するに、ないほうがいいというものを省くだけでなく、ないよりあったほうがいい、というレベルのものも排除して、顧客満足、従業員満足に集中している「働き方改革」である。

これからもサン・セバスチャンの道をぶれずにすすめてほしい。それが旅館甲子園でグランプリをとった意味なのだから。

なお『ミシュランガイド新潟２０２０特別版』で一つ星を獲得したことを書き添えておこう。

越後湯沢「HATAGO井仙」（第1回大会ファイナリスト）

現代版「旅籠」は街づくりにつながる

旅籠からHATAGOへの進化

第1回旅館甲子園、一番手で壇上に上がったのは井口智裕率いる新潟県越後湯沢「HATAGO井仙」であった。

井口智裕氏

2005年に父親の経営していた「湯沢ビューホテル」を引き継いだ4代目の井口が、現代の旅籠のあるべき姿にリモデルして表現して見せたのが越後湯沢「HATAGO井仙」。

たちまちメディアに取り上げられ、営業的には順風満帆な滑り出しだった。

その実績と井口のイデオローグとしての資質が青年部の中でも一目置かれていて、横山公大の薦めもあっての登場だった。

壇上でも井口は現代のＨＡＴＡＧＯを熱く語っていった。

留学していた東ワシントン大学を卒業して帰郷。新潟新発田市の月岡温泉で修業した後、父親の下で働くも、井口は当時の旅館業に違和感を持ち、これでいいのかと考え続けた。

江戸時代の旅籠も勉強した。社会の変化、消費文化の変化に翻弄されながら、旅館業のあるべき姿を失っていった歴史も振り返ってみた。

「ＨＡＴＡＧＯ井仙」の場所は越後湯沢の駅前。新幹線が開通する前は上越線の駅裏で、遠く迂回しなくてはならない場所であったが、それでも温泉街入り口の好立地であった。

しかし父親の経営する旅館は、温泉街の各旅館が皆そうであったように、旅行代理店の求める受け入れ態勢を敷き、彼らの送客を頼りにする姿勢に終始していた。

自分の旅館の客は誰で、その客が求めるものは何なのかを考える前に、旅行代理店の顔色をうかがい彼らの求めに応じた。高度成長経済の時代、バブルの時代はそれでよかった。

しかし井口が帰国した頃にはお客の旅館に求める嗜好が変化していた。にもかかわらず、ほとんどの旅館はその変化に対応できないまま時代に放置されてしまった。

どの旅館でも出されるお仕着せの会席料理、時間指定にもみられた旅館都合の〝おもてなし〟、料金体系の不明瞭さなど矛盾はそのままにされたままであった。

そんな旅館の姿を「江戸時代の旅籠が現代の社会に進化したらどういう姿になっているのだろうか」という視点から見つめ直していった。８年間考え続けた結果、出した結論が「ＨＡＴＡＧＯ井仙」だった。

建物は１、２階に江戸時代の旅籠のイメージを残した木造づくりのクラシックなデザイン。１階には駅前の好立地を生かしてカフェ「水屋」を設け、２階には館内利用客だけでなく外部からも利用できるダイニング「むらんごっつぉ」が設けられている。街に開かれたそれらの施設は、この旅館が街の一部であり、そこから街の活性化がツボ療法的に横につながっていけばという井口の想いが伝わってくる。

囲炉裏コーナーに見られる館内のロビー周りの意匠や畳が敷き詰められた廊下、さらには各客室に至るまでクラシックモダンな雰囲気。窓ガラスはきめの細かいすだれに覆われ、室内への彩光にも配慮がなされている。紙と木と畳が創り出す和の世界が非合理な要素と合理的な要素がうまく組み合わされて心地よい。

壇上で井口は現代のＨＡＴＡＧＯの重要な要素として食文化があることを強調していた。

地元の大切にしてきた食の財産と言えるコメ、味噌、醤油、酒、野菜の持っている価値を掘り起こし、料理においても土産品においてもそこにこだわった。

１階の一部に設けられている売店「んまや」は、田舎家の一隅をほうふつとさせる土間仕上げの空間。外部から一般客も入れるそこには、プライベートブランドのもの、地元の生産者が丹精を込

「HATAGO 井仙」の外観

めたものが、優れたセンスでパッケージされ陳列されている。地元の食の力がみなぎっていて見るものを感動させる。

むろん料理にもその精神は反映されていて、後で登場してもらう調理長の桑名宜晃は、絶えず井口と話し合いながらこの旅館ならではの調理を工夫している。彼はそれを魚沼クイジーヌといっている。

料理の提供の仕方も「湯沢ビューホテル」の時のような、見た目の豪華さを追った会席料理を卓上いっぱいに展開した宴会スタイルをやめ、温かいものは温かく、冷たいものは冷たく提供するコース料理スタイルに変えていった。

また井口は街の活性化が旅館に不可欠であることも強調していた。

旅館が元気になれば街も元気になる、また逆に街が元気になれば旅館も元気になる。

越後湯沢温泉街、さらには後述するが雪国魚沼地方の旅館街がいかに元気になっていくかに井口は心を砕いていく。彼の中では街と自分の旅館が一つのものになっている。

越後湯沢駅構内にも2012年にイタリアン料理の「ムランゴッツォカフェ」とカフェ「んま

や」を出店し、井仙の食文化を街に潜り込ませている。

理念「旅籠三輪書」で輪をつくる

また変化していいものと、変化してはいけないものを振り分け、変化していいものは徹底的に改革していった。

布団の上げ下ろしは余分な労働力を必要とし、お客のプライバシー面からも不必要と判断、旅館の室内空間にふさわしい小上がり風のベッドに変えた。

館内の床は畳と木で構成され素足の快適さを提供してスリッパを排除している。

また料金体系の不明瞭さも彼は根本から変えていった。

泊食分離は大きな決断だった。宿泊料のうち食事はどのぐらいの割合なのか客はわからない。お仕着せの印象をぬぐいたかった。そこで1泊朝食付きの料金と、夕食の料金を分けた。

1泊朝食付き料金は部屋のタイプによって明瞭化した。

夕食は客の自由選択に委ねた。思い切った改革だが、夕食のコストパフォーマンスが求められ、調理人のモチベーションアップにつながっていった。

またこの泊食分離は、部門別原価計算を明確にし、各部門のコストコントロールを容易にしていった。

井口のこれらの試みは見事なまでにメディアを動かし、業界の注目を集めた。

しかし井口は衝撃的な事実に直面させられた。人の問題をマネジメントすることが全然できていなかったことに気づかされたのだ。

せっかく改革して世間から高い評価を受けているのに、従業員の働く意欲、満足感には全然つながっていないことに驚いた。辞めていく従業員も続々と出てきた。こんなはずじゃなかった。井口は働く現場を足元から見直す必要に迫られた。

まず手掛けたのが働く基準を明確にすること。就業規則、評価基準を明確にして、働く者が納得できる基準を作った。

さらに何のためにこの「井仙」で働くのかという目的を経営するものと働くものが一致させなければ、せっかく作った基準も生き生きと動いていかないと考え、理念づくりにたどり着いていった。それが「旅籠三輪書」であった。宮本武蔵の「五輪書」になぞらえて、いかにも旅館の〝兵法〟らしく表現した。マーケティング感覚がすぐれた井口らしい。

お客様の満足（CS）、働く者の満足（ES）、地域社会の発展（SS）の輪が同じ速度と質量で回転していくところに、井仙で働く意味を確認していった。

朝礼の時にも必ずこの三輪書の理念を唱和していった。

「井仙」に属している意味、喜びを知った働く者たちは、みるみる変化していった。

2005年の井口の挑戦に息が吹き込まれ、彼の改革は生きたものになっていった。

壇上に上がったうちの5人の幹部にその内実を以下語ってもらおう。

支配人小野塚敏之の旅籠三輪書

支配人の小野塚敏之は今では井口の立派な右腕である。12年前の2007年に入社。リニューアルオープンした直後、内部混乱で井口がちょうど戸惑っていた時期。

彼はもともと湯沢出身で地元をこよなく愛していた人。高校卒業後、英語が好きで東京自由が丘のグレッグ外語専門学校に入り、夏にはミシガン州のある街でホームステイしたりして英語力を磨いていった。

都会暮らしは合わないと帰郷。語学力が生かせればと地元の大型ホテル「ニューオータニ」に就職。しかしそこでは売り上げ、収容人数が第一義的で、顧客満足は二の次にされていたことに違和感を覚えていた。

そんな時に井口に出会い、井口の熱い思いに触れて心が動いた。旅籠三輪書に表された井口の理念に自分の目的が一致していることに小野塚は感動し、ここがわたしの居場所だと判断して入社を決めた。

理念を実務の中に落とし込みながらチームワークを良くし社内の空気を変えていった。

今では女将の井口真奈美とともに、現場を支え井口の想いを下支えする、「井仙」にはなくてはならない貴重な存在になっている。

そんな彼も彼独特な地域活動を展開している。

幼いころから祖父母のお供でよく山に入って山菜やキノコ採りに夢中になっていた。それはいつの間にか彼のライフスタイルに刷り込まれ、大切な趣味になっていた。

8年前にその山菜、キノコ狩りのツアーガイドを会社のビジネスとして取り組むことが井口との間で話し合われ、旅行ツアーとして実行に移されていった。

はじめは約4時間かけた日帰りコースだったが、参加者の要求もあって宿泊込みのコースも催行されるようになっていった。採ってきた食材を夕食で目の前で調理して、自然の滋味を楽しむスタイルが大好評になっている。

地域の人、他の旅館の宿泊者なども参加するようになり、今では三輪書にもあるように地域の自然の底力を活かし、地域の人々の喜びに寄与することにつながっている。

旅館甲子園は小野塚にとって貴重な体験だった。リハーサルに時間を割くのは大変だった。何回も繰り返し、スピーチの時間をストップウオッチで計りながらやったりもした。

しかしそれをやりながら旅籠三輪書がチームワークとなってしみこんでいったことを実感していった。

調理長桑名宜晃の魚沼クイジーヌ

調理長の桑名宜晃は井口の構想するＨＡＴＡＧＯワールドにはなくてはならない存在になっている。雪国ならではの食文化を深堀りする井口を料理という表現手段で支えていく。

「夫婦みたいな関係です」と井口が言うように三輪書の理念を皿の上に落とし込んでいく。

「HATAGO井仙」開業から3年経た2008年に入社。

妻が井口の妹と知り合いだった関係で、この旅館にたどり着いた。

東京の調理師学校で1年和食を勉強した後、川崎のホテルの和食部門に就職。その時の親方の指示に従って数カ所和食の料理屋の板場に入って腕を磨いてきた。

柔軟な発想を崩さずに修業して「HATAGO井仙」へ。

その柔軟さで井口のほとばしりでる自由な発想に応えることができた。

当初は地元の食材にこだわったが、今では昔の雪国の人が考えた雪国のための食事はどんなものだったのだろうと考えながら本物の食材を追っかけている。食材を藁に入れ、雪の中で保存する、そんな先人の知恵を掘り起こしストーリー性を持たせていく。

外国人客にも、外国人向けに創るというよりもスタッフがこの雪国ならではのストーリーを語りやすいように表現。そのほうが外国人は喜んでくれる。

菜飯も秋にとれた大根の葉を保存し冬の料理に提供する。雪国では各家庭で味付けが異なるが、この旅館では大女将の味付けを取り入れている。

またここでは労働生産性を高める方法がさまざまに取り入れられていて、〝働き方〟にも反映している。料理人の数は「HATAGO井仙」が2人、今年新たに開業した六日町の「龍言」が2人の計4人。それでも労働時間は8時間、残業がせいぜい1時間でやっている。

朝食の場には調理人はいない。仕込みは事前にしっかりやってある。だから朝の盛り付け、焼き物、炊きものはホール係とパートの人でこなしている。客目線で見ても調理人が作ったものと全く変わらない。

ダイニングではランチで外部のお客も入ってくる。気は抜けない。調理人が対応するが、ディナー同様プレクックされたものをうまく使うので、少人数でこなすことができる。「龍言」には加工工場を設けてあって、第一次加工のもの、手間のかかるものはここで集中的に処理している。

朝の調理場ではホール係が調理するように、「井仙」では働く者はマルチタスク（多能化）を当たり前のように行なっている。そんな雰囲気もあって調理人もバリアを築くことがない。

年に4回行なわれる全体ミーティングでも積極的に仲間に加わっている。

そんな「井仙」の社内文化が育っていたので、旅館甲子園出場は何の抵抗もなかった。

リハーサル中は仕事にはない喜びがあって、桑名は昔の学芸会を思い起こしながらチームの中に溶け込んでいった。

あれは「自分たちの応援歌だったし、他のスタッフへの応援歌でもあった」と7年前を思い起こしていた。

井口真奈美（女将）のしなやかな守備力

井口は構想したものを持ち前のオフェンシブな態度で前に前に進めていく。

越後湯沢の街の活性化から、さらに広域にまたがる雪国観光圏づくりに活動の場を広げていく。

彼はしかし当然ディフェンシブな部分を無視しているわけではない。

そのディフェンスには女将井口真奈美、小野塚支配人、桑名調理長が旅籠三輪書の精神で控えているからだ。

井口真奈美（女将）氏

特に女将の存在はとかくアクの強さを感じる井口の統率力をしなやかなものにろ過しているように感じる。

彼女は井口と同じ東ワシントン大学を出ている。

盛岡の高校卒業後、英米文学に興味があって、知人を頼って同大学に通うようになった。井口とは学部は違ったが英語を学ぶ教室では一緒だった。

帰国後中学校で英語の教師をしていた。留学が縁で2人は結婚。「湯沢ビューホテル」の時に旅館を手伝いだした。部屋掃除、食器の片づけなど仲居の仕事をしていたが、まだ現役バリバリの義母（当時の女将）から随分と守られながら修業していった。

「嫁にはこうさせたくない」という義母のやさしさが伝わってうれしかったが、旅館業の宿命ともいえる〝継承〟の問題を意識するようにもなった。

客は場所柄ビジネス客もいたが、スキー客、家族客と多様だった。

当時料理は部屋出し。しかも板前がすべてで料理は彼らのなすままであった。

そんな体験をしたうえでの井口の改革。その正当性が実感できた。

また旅籠三輪書による理念の浸透、そのための朝礼の実施等々によって、働く人たちがいかに輝いて仕事をしてもらえるか、その環境づくりが自分の役割と覚悟している。

旅館甲子園は体験して本当に良かったと思っている。研修会などを通して社内は風通しがよく和気あいあいとした企業文化が育っているが、リハーサル、壇上のパフォーマンスを通してしっかりとしたチームワークができた。

壇上で最後にみんなで手をつないだ時、みんなが一つになり、ありがとうという感謝の気持ちでいっぱいだった。

出店から井仙を見る樋口靖子

2012年越後湯沢の駅中に「井仙」はイタリア料理の「ムランゴッツォカフェ」とカフェの「んまや駅中店」を開業した。その2店舗の運営管理を任されたのが樋口だった。

井口の妹にあたる人で、それまでは子育てしながら保育士をしていた。「湯沢ビューホテル」の時代にアルバイトで手伝った体験はあるが、旅館業や飲食業とは無縁の人生だった。

この駅中の店は駅前の本店とは至近距離で管理が容易ではあったが、井口は街に井口の食文化への想いを浸透させていく大切な機会。おろそかにはできない。そこで能力的にも人格的にも信頼のおける妹の樋口を担当に指名した。

入社したのが旅館甲子園第1回大会の前年7月。リハーサルにも加わりながら自分の立ち位置を考えさせられた。

外部の飲食店を担当していても、マルチタスクを組織方針とする「井仙」では、旅館で働く人たちとの交流も活発に行なわれる。特にパティシエの3人は本店と駅中店を行ったり来たりしているので横のつながりは強い。

外から見ることによって旅館の問題がよく理解ができて課題が共有できる。

この横のつながりを樋口は壇上で強調し、今まで縦関係でつくられた輪が横にも拡がっている事実を誇らしげに語っていった。

駅中の売店、飲食店のエリアは夜7時に閉店する。昼の駅中でのついで買いのお客が中心になっていてリピーターはほとんど期待できない。しかし樋口が管理する2つのお店はリピーターがなんと5割と多い。特に「ムランゴッツォカフェ」のお客はその傾向が強い。

昼は無論のこと夜の時間も夕方5時頃に来店して2時間の早めのディナーを楽しんで帰るお客もいる。それだけお客を引き付ける商品力、接客力を持っているということだ。

プライベートブランドの「豪雪ワイン」は一番よく出るワインだという。

また酒かすを入れたオリジナルチーズも大人気。「さかすけリコッタのサラダ」「さかすけリコッタのピッツァ」はリピーターがそれを目指して来店するぐらい。

本店との人的な交流によってつくりだされたチームワークは旅館甲子園出場によってさらに強いものになったと今樋口は思い起こす。

旅館甲子園を契機に飛躍的に成長・萩野翔

「旅館甲子園以降ものすごく成長した」と井口が高く評価する萩野は今フロントにいて若い社員たちをぐいぐい引っ張っている。

「HATAGO井仙」の理念が館内の空気を変え始めた段階で入社した人で、井口に言わせると純粋培養された貴重な存在となっている。

壇上スピーチでは途中言いよどんでしまったり、真剣に取りに行ったグランプリを逃してしまった悔しさで、終わった後舞台裏で号泣した情熱的な人だ。

「一番にならなくてもそれまでのプロセスが大事なんだよ」と優しく励ましてくれた井口の言葉が萩野を発奮させた。

萩野は新潟県長岡の出身。新潟大学の夜学部を卒業して入社してきた。大学時代に百貨店の配送のアルバイトをしていた。

その百貨店での経験が買われ、井仙が百貨店催事イベントに初めて売店を出す際、その運営管理を任された。20代半ばで井仙の百貨店内売店を任せられたことは彼の人生にかなりのインパクトを与えた。「井仙」は予約したお客がやってくる。しかし売店では自分でお客にコミットしていかなければ関心を持ってくれない。まんじゅう1つ売るのも、商品の持っている背景にある物語を語りながらお客とのコミュニケーションをつくって初めて商品は売れていく。このように売るということの本質を学べたことは自分を大きく変えるきっかけになった。アルバイトで社会人の体験をしてきたと思い、「井仙」にも容易に溶け込めるだろうと思っていたが、このような責任ある場を与えられて、気づかいなどのレベルが今までとは全然違うことも気づかされた。

本店に戻ってからは、レストラン、売店、カフェなどを経験し、レストランのフロアマネジャーも任せてもらい、今ではフロントに戻ってきたが、貴重な体験をさせてもらっていることが自分の成長につながっていることを実感している。

壇上では百貨店催事売り場で売ることの意味を学んだこと、地元生産者との交流のことなどを語り川永農業、青木酒造の代表者をステージにあげ紹介したりした。

萩野にとって「井仙」とは人生の学びの場であると考えている。井口に刺激されながら主体的に物事を考え、主体的に構想していくことを学んでいる。

「自分の想いを素直に表現できていて、生きがいを感じている」という萩野は、旅籠三輪書に表されている地域の発展のことをいつも考えている。

もともと都会暮らしは合わないと、田舎ののどかな環境で生きていきたいと思っていた。「越後湯沢は自分が癒される場だし、帰ってくる場所」ともいう。

したがって地域のことを考えるということは、萩野にとって自分の人生を考えることと同義語になっている。

旅館甲子園については、悔しい思いをしたが、他の旅館の人たちが頑張る姿を見て、今の自分のレベルを振り返ることができた。今は自分より若い人たちがこの「井仙」を支えている。彼らが中心になって再び旅館甲子園に挑戦してほしいと思っている。

そこは自分を振り返ることができる場だし、自分がしなくてならないことがわかる場だからである。萩野はその時は自分が彼らを引っ張っていこうと決意している。

3人の雪国観光侍

壇上でのスピーチの最後に井口は地域活性化の活動を担う仲間2人を壇上にあげ紹介した。

1人は松之山温泉「ひなの宿ちとせ」の柳一成で、もう1人は939年の歴史を誇る越後湯沢の「雪国の宿　高半」37代目当主の高橋五輪夫。

3人が中核となって展開する地域活動は、越後湯沢を含めた3県7市町村にまたがる雪国観光圏の文化的価値の掘り起こしにつながっている。3人の志は実行力を伴っていて合同会社「雪国食文化研究所」の設立につながり、すでにさまざまな成果を上げている。

詳細は第3章に譲るとして、旅館甲子園の壇上で3人が登場した意味は大きかった。

旅館業という場は地域社会抜きには考えられない。地域社会の活性化はその主要な実体である旅館の活性化抜きには考えられない。

また旅館という場は地域文化の自然的、歴史的、社会的特性を包摂している。だからこの地域は雪国食文化という特性を持たざるを得ない。

旅館業はどうあるべきかを掘り下げていくと旅館経営という縦軸だけでなく、地域という横軸を同時的に持っていることをこの3人の活動は教えてくれる。

鬼怒川温泉「鬼怒川温泉ホテル」（第1回大会ファイナリスト）

サラブレッドはどうやって名門を再生させたのか

大規模旅館の再生報告

他のファイナリストが中小規模で家族経営の旅館が大半を占める中で、ここは客室数162、収容人数550人と大型である。

この大型旅館で働く人たちがどのように旅館のあり方を追求しているのか、会場を埋め尽くした誰もがそのことを知りたがった。

温泉地の大型観光旅館が新しい時代に対応できず、倒産したり廃業したりしている現実を皆知っている。だからどのように再生してこの壇上に登って来たのか、そこを学びたかった。

若い社長の金谷譲児はファンドに追いまくられながら再生の最前線に立ってきた人。

しかし登場した彼は再生に挑んだふてぶてしいまでのアクの強さは全くなく、英国紳士のように颯爽と現れ、共に壇上に上がってきた若いスタッフと共に、笑顔でハイタッチを交えながら再生のロジックを語っていった。

2001年にアメリカでのホテル修業を終えて帰国した時から、バブル崩壊後の厳しい経営環境の中に放り込まれていった。2003年にはメインバンクが破綻し、2005年には産業再生機構の支援をうけることになった。譲児は再生を決意してファンドの経営支配のもとで、すべての私財を提供した。経営陣が退陣する中で譲児1人だけが残って再生に舵を切った。

毎年多額の返済が彼に重くのしかかり、ファンドからは稼働率アップをしつこく求められた。

「あの時はスタッフの笑顔だけが私の支えになりました」と壇上で譲児は振り返った。

先行きの不安からベテラン従業員も1人去り2人去っていった。しかし「残ってファンドと戦いましょう」と言って残ってくれたスタッフの励ましがうれしかった。

金谷譲児氏

ファンドからの要求に追われながら、譲児はすべてを数値化してとらえる能力を磨いていった。

しかし残って自分を励まし続けるスタッフと心を一つすることの大切さに気がつき、費用の見える化、数字・情報の共有を徹底するようになった。

さらにスタッフたちと譲児はどこに向かおうとしているのかビジョンを共有して、今この旅館で頑張っている意味を未来から逆照射していこうとしていった。

2009年に再生事業が終了し、売却対象になった瞬間、譲児はこの旅館を買い戻し、本当の意味での再出発を図ることができた。失敗する恐さはわかっているが、彼は委縮することなく挑戦に立ち向かっていった。

2カ月に1度の社員の誕生会、年1回休館しての事業方針発表会などで、社員の想いはまとまっていった。

さらにブランドステートメントをつくり、人と人とのつながりを旅館文化とする「結旅（ゆいたび）」を掲げた。このブランドステートメントは来館されるお客様像を想定し、その人の旅館での過ごし方をイメージの中でとらえ、そのお客を満足させるためのハード面ソフト面のあり方が幹部社員のみならず全社員を巻き込みながら追求されたもの。それが冊子になって回し読みされながら永続的に深められていった。

本社が東京で、ショコラトリーというチョコレートのブティックまで手掛けている中での大型旅館の管理はとかく遠隔操作になりがちだが、譲児の働く仲間を大切にする思いはさまざまな試みを通して浸透していて「すべてはお客様の笑顔のために」という言葉でくくられた。

年1回の事業方針発表会では、経営方針発表の後に社員の笑顔の動画が流され、第2部では譲児も加わった踊りや社員が考えたイベントが行なわれ、クライマックスでは予告もなく流される家族のビデオレターでみんなが泣く。後は無礼講。譲児も社員の間でもみくちゃになりながら仲間の輪の中に納まっていく。

そうやって大所帯の組織はフラットな組織になっていく。

そんなことが壇上で報告されていった。

サービス部の女性スタッフ高橋静流は、いつもは引っ込みじあんで人前に出ることは苦手だが、バースデイソングのサプライズを受け持つことになり、自分はどんどん変わっていったこと、その機会を得て仲間を意識するようになりチームワークの大切さを知ったことを報告した。

調理人の杉浦武は調理人としては珍しく笑顔を絶やさない若者だが、人と話すのは得意ではなかった。しかしブッフェ会場などで多くのお客の笑顔に接し、チームワークを大切にする仲間の中に入ることによって、自分は変えられる、自分は進化できると思うようになったと語っていた。

予約や企画を担当している吉成伸博はメガネが似合う静かな若者だが、ＤＭ発信や年間70を超えるプランを情報発信して、お客と旅館、地域と旅館をつなげるパイプ役をこなしている。

家族客層も大切にすることからキッズ会員クラブを立ち上げ、大好評を得ている。

客室の女性スタッフ佐藤美咲は「笑顔がよくお客様にほめられ、お客様に育てられている」と吐露し、「仲間や先輩たちとのコミュニケーションもこの笑顔のおかげでうまくいっている」と明るく語ってくれた。東日本大震災の時、被災地にいたフロントの山崎結貴は笑顔で絆をつなぐ大切さを語り、この仕事を選んでよかったとしみじみと語っていた。

大規模旅館であってもリーダーシップのあり方によって想いは一つになり、数字も笑顔も同じベクトルを向いていくことの事実をこのプレゼンは明らかにしてくれた。

金谷譲児の出場の決意

「鬼怒川温泉ホテル」（栃木県）の再生中のことだった。那須高原「山水閣」の片岡孝夫を銀行の人から紹介され、第1章でふれたこの男の旅館再生への熱い思いを知ることになる。

幾度か酒を酌み交わすうちに、片岡もこの若いサラブレッドのように血統の優れた男が、再生にどんなに苦しみ耐え抜いてきたのかを知ることとなり、旅館甲子園第1回大会に出場するように薦めた。

沖縄青年部総会で行なわれた模擬旅館甲子園での片岡の話を聞いていた譲児は、自分は大規模旅館のマネジメントを任せられている身であっても、想いは同じであると同調し、出場を決意した。

しかし第1回大会であるゆえに参考にするものがなく、どのような準備をしていいかわからない。再生の苦労を共にしてきたスタッフからも反対意見も出ていて、何のためにやるのかについて随分悩むことになった。それをやることは「自分の心を覗かれる感じだった」。

しかし片岡の熱い思いが自分の背中を押していった。だんだん自分の心や生き様を覗いてみてくれというポジティブな考えに変わっていった。

ファンドの数字への追求に懸命に応えながら「なにくそ、ファンドに負けないぞ」と歯を食いしばって耐えてきたスタッフと交わした数値の共有、守りに入るのではなく耐えながら挑戦していくためにつくられたビジョンの共有が、働くスタッフたちとの絆を深め、再生のエネルギーになっていったことを、片岡同様旅館甲子園という場で表現しようと思った。旅館で共に働く全国の仲間たちにその内容を問いかけようと決意していった。

全旅連青年部の活動とはあまり縁がなく、自分はどのような存在なのか、どう思われているのか、今もって不明瞭のままだが、大会でファイナリストになって発表の場を持ったことは、再生途上で社員の心が一つになったいい機会だったと思っている。

今でも新入社員には必ずその時のビデオを見せていて、中には泣き出す新人も出るぐらい、その時の想いはしっかりと今につながっている。

2001年に帰国

譲児は立教高校卒業後、アメリカにわたり10年余りそこで自由奔放に生きてきた。

当ラスベガスでカジノディーラーをしながら学費を稼いで大学を出た。その仕事の収入はよく、当地で家も買った。その家を売却した資金を使ってロスアンゼルスでオープンキッチンの惣菜屋を開いた。これは時代が追い付いていなかったのか、うまくいかず撤退した。

ニューヨークに渡ってレストラン「ダニエル」の系列店でアルバイトをするも、毎日小麦粉の運送や冷蔵庫整理の雑用。何の勉強にもならず、つてを頼って入ったミッドタウンにある「ザ・キタノホテルニューヨーク」でホテル業の基礎を叩き込まれる。

当時帝国ホテルから派遣されていた総支配人にかわいがられ、ホテルの下働きからホテルビジネスの何たるかを教わった。ベルボーイからハウスキーピングに回されたときに貴重な体験をしている。

その部署で働く人たちは中国人、メキシコ人、黒人、北欧人とさまざまであった。彼らは20代の若造のいうことを聞こうとしなかった。譲児はさんざん悩んだ。その結果「友達になればいいのだ」と気がつく。同じ目線で楽しみながらやってみようと、冗談を言ったり悪ふざけしながら業務とは関係のないコミュニケーションで共に働く契機を見出していった。

この経験は譲児が働く仲間を同じ目線でとらえ輪の中に入り込む原点になっている気がする。

２００１年はあの忌まわしい貿易センタービルが飛行機テロで爆破された9・11事件があった年だった。影響はミッドタウンにも及び「ザ・キタノホテルニューヨーク」は営業ができる状態ではなかった。

ちょうど日本では父親の輝雄がバブル崩壊後の経営悪化で譲児に手助けを求めていた時。

帰国早々譲児は不採算事業の整理から手伝わされた。

２００２年に東京西麻布にあった本社ビルを売却。

人手に渡ったビルの賃料は高かった。やむなく天才ホテルマンと言われた祖父鮮治と坂井宏行シェフによって設けられ、新しい感覚のフレンチを世に出していった2階の「西洋膳所ジョン・カナヤ麻布」と、長く洋酒ファンに愛された英国酒場「ジョン・カナヤ」を処分せざるを得なかった。

祖父や父が精魂を込めて作り上げた文化的遺産を消滅させるのは譲児にとっても断腸の思いだ。

しかし自分の代になったら、その遺産は何らかの形で蘇生させることを自分の胸の中で固く誓った。

譲児にとって正念場だったのは「鬼怒川温泉ホテル」と「鬼怒川金谷ホテル」の再生だった。

ファンドに追い詰められる

帰国早々の2002年。「鬼怒川温泉ホテル」で食中毒を起こした。譲児はお客のところを訪ね謝りに回った。それを見ていた従業員たちは、帰国したばかりで理屈っぽく見えた譲児に当初は冷ややかだった態度を軟化させていった。働く仲間の一人として認めるようになっていった。

しかし経営は相変わらず厳しい状況が続いた。

2003年にはメインバンクが破綻し、2005年には産業再生機構の支援が決まり、再生旅館の道を歩み始めることになる。

父親の輝雄は退任し、私財をすべて提供することになった。

幹部としては譲児だけが残り、従業員も去るものが出始めた。

しかし給料を下げられようと、再生を譲児とともにやり遂げようとする従業員も少なからずいて譲児を力づけた。

2007年「鬼怒川温泉ホテル」、「鬼怒川金谷ホテル」は売却対象となり、地元ファンドによって買い取られた。

年間多額の返済が求められ、当然のこととはいえ、そのためにファンドから稼働率アップ、利益アップが強く求められた。1年毎の短期利益のために数字だけが押し付けられていった。一瞬一瞬に緊張が走った。

数字に追われる毎日の中で、働くスタッフに数値を見える化して、共にこの危機を乗りきることで耐え続けた。

譲児だけが苦しんでも働く者は目的意識を持てずただ手足を動かすしかない。しかし数値が見えるものになったことによって、やるべき対象が見えてきた。働く意味が数字でつかめるようになっていった。さらに譲児はこの共に働くスタッフたちが目指すべきビジョンを共有しなければならないと、再生後の未来図まで共有していった。

中核となった数名の幹部スタッフも譲児と並走し始めた。譲児も自分はもはや一人ではないことを感じながら走り続けた。

数字に追われても譲児はビジョンを大切にして委縮することはなかった。

2006年には「湯を楽しむリラクゼーションホテル」をテーマに「鬼怒川温泉ホテル」の大浴場のリニューアルを手掛けている。ファンドはそれを無駄な投資と判断していた。ホテルと旅館は同じで、大浴場にこんな時に追加投資をする必要はないと消極的だった。しかし譲児は負けなかった。旅館はホテルと違って「情緒」を売るビジネスだからこれは大切なのだと譲らず、この計画を断行していった。

2009年再生は終わった。

ちょうどリーマンショックによってファンドが売却を決め、譲児は自分の持ち株や資金だけでは足らず投資を頼みに走り回った。それがなんとさまざまな協力者のおかげで必要資金を大きく上回る支援が集まり、再生は次への跳躍の時代を迎えていった。

挑戦は素早く始まった

譲児が金谷ホテル観光(株)の代表取締役社長に就任するのは2011年だが、すでに2010年にはトップとして改装に腕を振るっている。ビジョンは見える形でどんどん具体化していった。

その時一番大切にされなくてはならないものはビジョンの背骨をなす企業理念だ。

それを簡潔な言葉で表すことをブランドステートメントと言うが、譲児は「鬼怒川温泉ホテル」については「人と人とをつなぐ旅　結旅(ゆいたび)」と表現していった。

それに基づいてビジョンは具体的なイメージに膨らんでいく。

この旅館はどのような人がお客様として来館されるのであろうか、それをまず突き詰めていく。そのために架空の人物像をつくり上げる。年齢、性別、容姿、ライフスタイル、旅行スタイル、年収、家族構成などまで細かく理想像をつくり上げていく。さらにその理想とするお客様の旅館での過ごし方はどうか。

それからそのお客様の過ごし方に対して各部署がどのように対応したらいいのか。

そのお客様が欲する施設、接客、備品の細部まで深められていく。

ブランドステートメントはどんどん働く現場のほうに照射されていく。

これを譲児は「第1章」として書き上げ冊子にして全社員に回覧していった。

決して押し付けではなく譲児の提案として回されている。理想像を追いかけるので命令になりようがない。私はこう思う、という働く人たちの意見を譲児は引っ張り出そうとする。特に各部署の幹部社員は並走している限り自分の理想像を構築していかなければならない。彼らによってどんどん「第1章」は書き加えられていく。

要するにこの旅館のあり方を、ターゲットになるであろうお客を措定して作り上げていくわけだ。そうすることによって、大きな組織であっても各部署にまでこのブランドステートメントが下向し、働く人を通してやるべきことが自然に立ち上がってくる。

「鬼怒川温泉ホテル」の外観

「第2章」「第3章」とこの冊子は続き、従業員全員に読みまわされることによって従業員の想い、視点がまじりあいながら、同じベクトルに向かって走り出す。

この年に断行されたブッフェ会場、全客室、フロント、ロビー、玄関などの改装は、このブランドステートメントの作業が現実場面に落とし込められている。

食事スタイルはお客のこの旅館での多様な過ごし方をとらえたうえで、圧倒的に多いブッフェだけでなく個室風になっているテーブルサービス、部屋出しなどで応えている。

また第1回大会の壇上でスピーチした企画の吉成伸博が打ち出したプランの中でも、クリスマスプランは今でも大人気のプランでリピーターも多い。

このプランに応募したご両親から預かったクリスマスプレゼントを、外国人扮するサンタクロースが食事を終えた夜、各部屋を訪れ、子供に手渡すという趣向。これは子供が「本当にサンタさんが来てくれたんだ」と素直に夢の中をさまよう。

このような例も、どのようなお客が、どのような機会に、どのような感動物語を紡いでいくのかを考えていった結果である。

ショコラトリーから和食店まで

譲児が正式に代表取締役社長になった2011年にはショコラトリーを立ち上げている。まだレストランを展開する時期ではないと判断し、物販店から始めようとチョコレート専門店に目をつけた。

2月は鬼怒川の旅館は暇となる時期。しかしバレンタインの月でチョコレートが売れる。忙しくなる製造場面では人は十分賄える。逆に旅館の繁忙期の八月はチョコレートの売り上げが一番売り上げを落とすとき。そのような現実的なところから発想された業態だが、２０１１年には東京スカイツリーソラマチ店を、２０１２年に本店を恵比寿に出店している。

この年にまた祖父鮮治が精魂込めて構想した「鬼怒川金谷ホテル」を大規模にリニューアルしている。

「こてこての純和風で、料理旅館のイメージだった」ものを祖父が残していった「Ｅａｓｔ　ｍｅｅｔｓ　Ｗｅｓｔ」（和敬洋讃）の感覚を蘇生させながら譲児ならではのワールドを造り出していった。

渓谷を見下ろすダイニングルームの一角にもショコラバーがあった。

とても自然にそれはあった。ブランドステートメントから個々の理想とするお客のイメージの中で浮き上がってくる過ごし方から、それは必然的に設けられたものだと私は納得ができた。

改装したこの旅館の随所に、「西洋膳所ジョン・カナヤ麻布」や「英国酒場ジョン・カナヤ」で使われていたスカイプチャードグラス（ステンドガラス）が使われている。

それらは西麻布という都会のビルの閉鎖的空間で西洋の感覚を和テイストの中にまじりあわせながら主張していたものだが、この改装なった「鬼怒川金谷ホテル」では確かに洋の感覚をふんだんに取り入れながらも、ガラス窓いっぱいに広がる渓谷美とどこか調和していて、譲児特有の「Ｅａｓｔ　ｍｅｅｔｓ　Ｗｅｓｔ」を造り出している。

その後「ＫＡＮＡＹＡ　ＲＥＳＯＲＴ　ＨＡＫＯＮＥ」、「ＴＨＥ　ＫＥＹ　ＨＩＧＨＬＡＮＤ

ＮＡＳＵ」など手掛けていく。

先述した那須高原「山水閣」の片岡が、さすがに金谷の素早い挑戦を見ていて「早すぎるよ」とあきれるぐらい譲児の挑戦の速度は速い。

２０１９年11月には東京・平河町でモダンジャパニーズレストラン「平河町かなや」を開いている。

譲児がどうしても都心につくりたかった情報発信基地だ。

「伝統と格調」「和敬洋讃」をテーマとした和食店だ。祖父が坂井宏行を伴って造ったフレンチの世界を孫の譲児は和食で挑戦してみせた。

この店のお客が「鬼怒川金谷ホテル」に予約する例も多いようだ。確かにカナヤの情報は都心からしっかりと発信されている。

しかし２０１１年頃からの譲児の素早い挑戦は、トップダウンの組織だと組織が追い付かず途中で挫折してしまいそうな速度だ。しかしブランドステートメントに基づきながらボトムアップが社風となっているフラットな組織なので、その速度は働く人たちのエネルギーを吸い込みながら進んでいるような気がする。

走りながら譲児は「老舗は常に新しい」と前を向き続ける。老舗の持つ伝統や格調は、後ろに忘れ物のようにあるのではなく、未来の姿を求めて前にあるのだ、と言いたいようだ。

和歌の浦温泉「萬波」（第1回大会ファイナリスト）
「あんたに会いにきたんや」と言ってもらえる宿

面白がるプレゼンを展開

紹介映像では、和歌山県にある和歌の浦のオーシャンビューなどが紹介され、地理的に大阪に近いことや、岡山と和歌山とが語呂が似ているので、「岡山ではないぜ」、が地図と一緒に強調されていた。

また「萬波」立て直しの功労者、調理長の松木英人が登場し、漁師との信頼関係や地域とのふれあいを大切にしてきたこと、他所にない和歌の浦ならではのスタンダードを追求していることなどが語られ、（株）ＭＡＮＰＡ再興の時には坂口社長が１人で何でもこなし、脱落していく従業員が随分あったことなどの苦労話が続いた。

ステージ上で最初に登場した本田善寛の話は「萬波」の歴史を語って興味深かった。

２００５年11月のある日に、南海電鉄の子会社（株）萬波楼で働いていた本多らは突然会議室に集められ、この旅館から南海電鉄が撤退することが通告された。結婚１年目の本田は目の前が真っ暗になり途方に暮れた。

この旅館の経営を引き受けた（株）観潮から、観潮を立て直した若い社長の坂口宗徳と調理長の松木英人がやってきた。不安と期待で一杯であったが、やがて2人はその経営の手腕を発揮し始めていった。

坂口は「観潮」を立て直した勢いで、「萬波」立て直しに孤軍奮闘していた。

「萬波」の外観

その1人頑張る坂口の思考がかえって自分を励ましたと言ったのは本田だった。漫画「ワンピース」に出てくる口調を真似て坂口はよく「接客はできねえ、調理つくれねえ、酒しか飲めねえ、ただ経営はできる」とスタッフの前で裸になって見せた。

そうなるとスタッフはここでは自分の得意とするものを存分に発揮していいのだと判断し、自分から動くようになっていった。坂口は後で述べるがこれを「放牧経営」と言っていた。

中心的な女性スタッフ野村かすみは最高のおもてなしを「最幸の」と表現し、お客の身になって考え、お客の心に入り込んでいく接遇力がその「最幸」をもたらすと若いスタッフに伝えていきたいと訴えた。

その接遇力をつけるのは簡単ではないが、それをしっかりやるとお客の喜びが伝わってきて接遇の楽しさがわかってくるとスピーチした。

フロントに眼鏡をかけた小太りの似た者スタッフが3人いて、よくお客に間違われる。それを寸劇にして会場を沸かせた。

プロ野球阪神のファンが歌う「六甲おろし」で社長坂口が阪神のユニホーム姿で現れた。

坂口の茶目っ気が顔を出す。

そんな彼はオープン当時のことをスタッフの質問に答えて関西弁で語りだす。

「10年前はクレームだらけで予約がないとほっとしたんや。自分も不満ばかしいうてな」

そんな自分が立ち直っていくきっかけが次に続いていく。

「居酒屋やっている人からな、なんで自分がやりたいことをやれへんねん」と言われて、それから「できない理由」を言わなくなった。

坂口は従業員の意識改革から始めていった。従業員に「この旅館のエエトコどこって聞いたら、風呂か景色というどこにでもある答えしか返ってこなかった。そんなレベルだった」

そこで彼らに「あんたに会いに来たんや、と言われるスタッフがいっぱいいる旅館にしようやないか」と訴えていった。

お客を喜ばすコミュニケーションの大切さとともに「知行合一」で「学び、かつ行動し、成長する」スタッフのチームワークづくりが坂口独特の口調で語られていった。

居酒屋甲子園の人たちがよくやる本気のじゃんけんや握手やハイタッチなどで仲間意識の向上を図っていった。

２００３年頃には14軒あった和歌の浦温泉の旅館も現在（２０１３年）は5軒になってしまった。

「でも『萬波』を始めたときは地域の宿の灯りを消さないと思い決めてん」という坂口の決意はようやく周囲から「頑張っているなあ」「繁盛しているなあ」と言われるようになってきた。

坂口宗徳氏

坂口は「和歌の浦の地で旅館を永続運営させること。これが地域への貢献であり、旅館経営者に課せられた一番守らなければならない約束事です。家族、従業員そしてお客様が帰ってこられる場所、それが宿屋なのです」と締めくくった。
最後に「宿は文化なり、文化は伝承するもの。私たちには後継者がおります」と言って2人の息子を壇上で紹介した。いかにも坂口らしい演出だった。

坂口宗徳の旅館再生

破天荒な雰囲気を隠すことなく見せつける坂口宗徳を、スタッフは面白がり愛する。そんな彼だから旅館甲子園のファイナリストになっても、「俺は吉本流に面白くやってやる」と言ったり「働く者が輝く前に経営者であるオヤジが輝かなければ」と言ってはばからなかった。「経営者が輝く」を第一義的に上げる根拠は、自分への戒め、あるいは鼓舞という意味が込められているようだ。リーダーとして輝く、これが自分のミッションだと思っている。

守る時でもいつもマインドは攻撃的であれと思いながら「観潮」を立て直していったことがそう言わせているようだ。

「萬波」と同様和歌の浦に面するオーシャンビューが素晴らしい「観潮」だが、2代目の父は経営の危機を迎えていた。

1974年生まれの坂口は立教大学文学部キリスト教学科出身という変わり種。別に牧師になろうとはこれっぽっちも思っていなかった。予備校の先生に進められるままに従った。

卒業後マイカルに入社し、食品部門の志望がかなわず、和歌山のビブレでジーンズ売り場を担当した。そのビブレでは仕入れから販売まですべてを任され、数字の責任を負った。

27歳くらいにビブレを辞め「観潮」を手伝いだした。しかし半年ぐらいやってみてこのままいったら倒産するのでは、という危機感を抱いた。

ビブレで学んだ予算管理はここでは無視されていた。父親に「今月の予算は」と聞いても「何も考えていない」という返事。借金が売り上げの倍以上ある債務超過状態。

坂口は父親と一緒に再生協議会に駆け込んだ。

減価償却前では利益が出ていたので内部改革によって再生できると坂口は自信を持っていた。その息子の自信を評価して再生支援協議会は金融とつなげてくれた。

再生は徹底したコストカットから行なわれていった。

旅館経営では衣食住がある程度保証されている。経営陣も従業員も給料を下げられても食べていける。父親の給料も真っ先に下げた。従業員の質も変えていった。

仲居は地元の漁港のおばあさん。宴会場でお客と飲んで泥酔するありさま。彼女たちを若い人に入れ替えた。同じ思いで再生に加わった松木調理長も原価率を見直した。

思い切ったコストカットは成功し、1年で結果を出した。

坂口は再生支援協議会からも金融からもその経営手腕を高く評価された。

南海電鉄子会社「(株)萬波楼」の話が出たのは再生途上の2年目のことだった。

この「萬波楼」は温泉街の入り口にある。地域のためにもつぶすわけにもいかない。

財務状態は「観潮」と同様、減価償却前では利益を出している。

「観潮」を再生したばかりだが父親と坂口はこの案件を引き受けることにした。

坂口には再生の自信があった。父親は株を買って社名変更。その新しい会社(株)MANPAを息子に任せた。

坂口はまず無駄を徹底的に排除していった。

旅館のことが全くわからず親会社から派遣された前経営陣は、人件費も食材原価率も、営業諸経費も無頓着だった。

松木は食材原価率を、品質を維持しながら下げた。

坂口はフロント奥の事務所から手をつけた。市役所みたいに一人一人の机が並んでいる状態から壊した。机は社長のみで後は全部なくした。作業は必要な時に必要な場所で作業するというように流動化した。人件費も見直した。無駄の排除はかなり荒療法だった。

当然のように30人いた従業員の多くは辞めていった。最後に残ったのは4、5人だけであった。

それでも坂口と松木は歯を食いしばって夜遅くまで踏ん張り、新しい若い人材を入れて再生を図った。大嶋啓介の「本気の朝礼」「本気のじゃんけん」などを取り入れ、ここで働く意味を確認しながら心を一つにすることも忘れなかった。

一方「観潮」でやったようにホームページを立ち上げ集客にも力を入れた。

研修を多くやっているが、坂口の基本的考えは「放牧経営」。「自分で草を食いに行かない奴はだめだ」という考えなので、環境だけは整えてやるが後はスタッフの自主性を重んじていった。

だから研修も若い新入社員は当たり前に受け取るが、中途採用の人はありがたがり「草に食いついて」いくようだ。

「あなたがいるからまた来ましたよ」と言われるスタッフづくりをこの放牧経営で目指しているが、その真っ先にいようとしているのが社長の坂口本人。だから「まず経営者が輝いていないと」という言葉が飛び出してくるようだ。

坂口を支えた松木調理長

松木は中学を卒業した後は〝包丁一本〟の人生を歩んできた人。

実家が大衆食堂を商っているときから店を手伝った。両親の商才によってその大衆食堂は仕出し屋になり、やがて座敷を持つ料理屋へとレベルアップしていった。

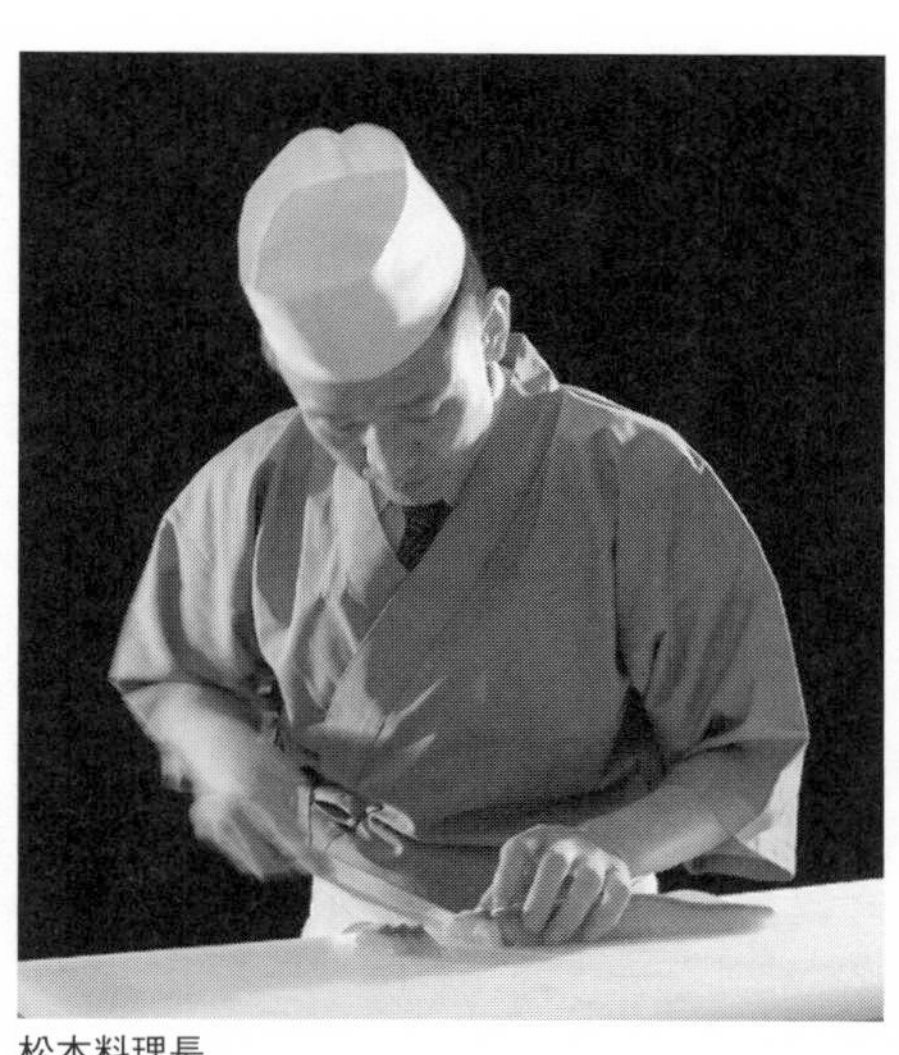

松本料理長

松木もその上昇気流に乗って腕も上げていった。20歳代後半になって、大阪では名の知れた師匠に出会って、彼の腕はさらに磨かれた。

師匠の指示でいろいろなタイプの料理屋を転々としながら、今日の料理技術の土台を作っていった。

実家の店を正式に退職した後、調理師一筋で生きてきた松木はそれ以外の世界は全く知らなかった。そのままでは自分の人生に何かが欠けていると思った松木は、思い切って全く異なった仕事に挑んでみた。それがトラックの運転手。

コンビニの配送や長距離トラックの運転手をやってみた。想像した以上に厳しい仕事だった。特に長距離トラックの時には仲間の死も見た。生死をさまよう仕事だった。

調理人の世界が厳しいと思って他の世界を覗いたのだが、やはり自分は調理の道しかないと気づかされた。

師匠を訪ね約1年間の体験を話し、これからは調理師の世界で生きてゆく決意を告げた。

その時師匠から、和歌山の旅館で調理人を探している、1カ月そこで働いてみてくれとの話。それが「観潮」であった。調理長と2人で調理場を回していった。

やがてその調理長もやめることになり、後は頼むよと言われて松木はそこを去ることができなくなってしまった。

そこから「観潮」「萬波」の調理長を20年近く務めることになった。

料理屋の板前仕事を長く続けてきたので旅館料理は初めてで戸惑った。

しかし坂口の父親である会長に入社当時言われた「調理人が良いと思う料理とお客が良いと思う料理は違うのだ」の忠告をしっかり肝に銘じていった。

その会長にお客は何を望んでいるのか、何をしたら喜ぶのかも教えてもらった。

そうやってその松木の客目線の料理と坂口の大胆な内部改革が両輪となって、両館とも和歌山観光の人気スポットになっていった。

松木は再生を担っていった経験から「調理場だけが輝いてもだめだ。全体が輝かないと調理場も輝かない」というワンチームの態度を崩さず、若い人たちの成長を見守っている。

旅館甲子園にはよくわからないまま参加し、壇上でスピーチしたが、同業の他の旅館の若い人たちが一生懸命仕事に取り組んでいるのを見て感激した。同時にその場面を通して坂口がいろいろな取り組みをして働く者たちを輝かせていこうとしている試みの意味がわかり、自分の立ち位置をあらためて確認していった。

ワンチームを目指す廣尾和樹支配人

廣尾は「萬波」が開業した直後に「観潮」からやってきて旅館甲子園に加わっている。

和歌山県人の気質として外に出ない、出ても戻ってくる傾向があるが、廣尾も大阪の情報処理専門学校を出て、就職氷河期にぶつかって浪人して和歌山に帰ってきた。

「観潮」の前にあった建設会社が経営する会員制ホテルにパートとして入りホテルの面白さに目覚めていく。移った「観光ホテル」で2年働いたが倒産に直面する。

そんな時に「観潮」で働いていた同僚に声をかけてもらい「観潮」にやって来た。

ここでは調理場以外何でもやった。基本的にフロント業務中心だったが、マルチタスクでフル回転だった。

それがかえって良かった。自分の土台を作ってくれた。

旅館甲子園では壇上ではなく裏方に回ったが、リハーサルを含め全員が同じ方向を向く良いきっかけになった。ただあの時の心が一つになって熱くなった体験を新人たちは知らない。

彼らにあの時の体験を日々の仕事の中でどう伝えていくか。これが今の廣尾の課題になっている。

派遣から社員に、フロントで頑張る岩崎仁美

彼女が旅館甲子園で壇上に立ったのは入社してまだ間もない時であった。リハーサルに参加し、みんながまとまっているのを確認し元気づけられた。

フロント業務にいる彼女は、インバウンドが増え始めた昨今、京都の短大英文科の時に身につけた英会話が役立って大張り切りだ。

短大を出た直後は老人ホームの事務の仕事に就いたが、接客業、特にホテルの接客の仕事がしたくて転業を決意する。県の「和歌山を盛り上げよう」という事業が立ち上がり、それをＪＴＢに委託して若い人材をホテル・旅館に派遣する仕事が始まった。

彼女はそこに応募し「萬波」に派遣された。

7月から翌年の3月までの派遣であったが、彼女はここに残ることを決意した。

和歌山に本格的なホテルはなかったし、働きやすい環境が気に入った。

月1、2回は英会話の先生がやってきて会話力を高める機会をもらっているのもよかった。

フロント業務は客室までの案内もやるし、裏方の仕事もこなす。

毎日行なわれる朝礼も必ず出るようにして、自分に気合を入れている。

彼女も坂口の放牧経営の中で、のびやかに仕事のブラッシュアップをしている一人である。

坂口宗徳のリーダーシップ

ちょうど松木の取材をロビーでしているときだった。急にロビーに地元の人たちが多く集まり大きな声で盛り上がっていた。様子を見てみると坂口がその輪の中に入って盛んに彼らと話し合っている。

地元の漁業関係者の宴会が地下の宴会場で開かれるので、参加者がロビーに集まっているという。

「この人がいるからやって来たよ、という旅館にしよう」とスタッフに言っていることを自ら先頭にたって見せている。地元の年寄りたちには坂口がかわいくてしょうがない。

父親の旅館を立て直し、大手企業の旅館を買い取り、これも軌道に乗せたこの地元出身の若者を頼もしく思っているようだ。

破天荒のようで抑えるところは抑える。この「柵を超えたものには厳しく対処する」放牧経営に、スタッフたちは面白がりながら従っているようだ。

「面白きこともなき世を面白く」高杉晋一のこの言葉が坂口は大好きなようである。

高知県「土佐御苑」（第2回大会ファイナリスト）

ウゲウゲ踊りは「土佐御苑」流のおもてなしの象徴

ウゲウゲ踊りで会場を圧倒

「土佐御苑」（高知県）紹介の映像の段階から、宴会芸のウゲウゲ踊りが紹介され、他のファイナリストと雰囲気が異なった出足だった。

ここは旅館甲子園を立ち上げた横山公大が常務をやっている旅館なので、彼の想いや、旅館での実務の報告を期待した人たちにとっては意外だった。

この踊りはよさこい祭りで編み出されたもので、ウゲウゲはおもてなしをする、歓迎をする、を意味するところから、この旅館では宴会芸として採用し、毎日お客の前で披露しているものである。

営業本部に所属して宴会部長を務めている今橋千春が主導して続けているもので、彼自ら坂本竜馬役になって宴会場を回っている。

旅館甲子園の話があった時に一番張り切り参加の意思表示をしたのが今橋。この踊りの熱量が「土佐御苑」のおもてなしの熱量なのだと全国の旅館の仲間にアッピールしたかった。

第1回大会の時に出場したくて横山に強く迫ったが、彼が主催団体である全旅連青年部の部長で、この旅館甲子園のファウンダー。横山としても勘繰られるのが嫌で首を縦に振らなかった。

2年後の第2回大会では、したがって「やっと番が回って来たか」と今橋の熱量は満タンになっていた。

そんなこともあって壇上に上がってのプレゼンでは冒頭からこのウゲウゲ踊りが実演された。

今橋千春氏

長髪、濃紺の着流し姿で激しいリズムで踊りながら今橋は、毎日繰り返されるこの宴会芸がいかにお客を喜ばし、仲間の一体感をつくり出しているか、会場に集まった旅館の仲間にアッピールしていった。誇らしかったし、自信満々だった。

その勢いが反映して、館内における従業員同士の学びの実践の報告が続いていった。

最初に登場したのは2人の女性スタッフ。フロントの矢野彩と川上（旧姓増田）千秋だ。

従業員は必ずどこかに属していなければならない委員会活動の報告であった。

1つはアンケートCS向上委員会。お客様、従業員、会社、地域の満足を統一したものとして捉え、学習している。そのためアンケート調査を重視していて、答えてもらったお客には返事をしっかり出すようにしている。

またビューティー委員会では館内や地域をきれいにしていく、というだけでなく従業員自身もきれいにしていくことを心掛けている。

さらにKS委員会では従業員同士の満足を高めるためのさまざまな催しを行なっている。バレンタインのチョコレート、父の日や母の日の記念品、退職する仲間のための卒業式、地域の運動会への参加なども積極的に行なっている。

次に登場したフロントの男性スタッフ正木大雅からは朝礼の話が誇らしく報告された。はじめは躊躇していたスタッフも毎日繰り返すことによってどんどん積極的になり、情報が共有でき仕事へのモチベーションが高まっていった。その結果、地域の活力朝礼コンクールで優勝するまでになっていった。

最後に宿泊係の2人の女性スタッフが登場し、おもてなし研修のことが報告された。日本舞踊をプロからしっかり学びながら、旅館の中で必要な着物の着付け方、足の運び方、姿勢などを身につけていった。

グランプリを確信していた今橋千春

壇上に上がったスタッフは他の旅館のプレゼンテーションを見ても自信満々だった。誰よりもグランプリ間違いなしと思い込んでいたのは、リーダーの今橋だった。

年間500回以上、今までで5000回以上宴会場で土佐御苑流のおもてなしをしてきたウゲウゲ踊りだ。それは他では絶対真似ができない優れもの。自分たちの想いが詰まっていた。全国の旅館の仲間にアッピールできると思い込んでいた。

その気持ちは今でも変わっていないと今橋は語った。

そもそもウゲウゲとはおもてなしの意味。高知県の飲食店の集まりにNPO法人ウゲウゲ王国という組織があって、よさこい祭りの時に踊るオリジナルな踊りを編み出していた。当時常務だった横山公大はそれが気に入り、宴会芸として採用したいと申し入れ、「土佐御苑」でだけ特別に踊れるという許可をもらって持ち込んだ。

当時横山は居酒屋甲子園の大嶋啓介などと盛んに交流していて、彼らのやっていたことをどんどん館内に持ち込んでいった。おもてなしを館内で競い合っていた。№1の名札を胸につけて、お客にも仲間にも、己にも目標を堂々と誇示していったりもした。

ウゲウゲ踊りもその一つと言えるだろう。

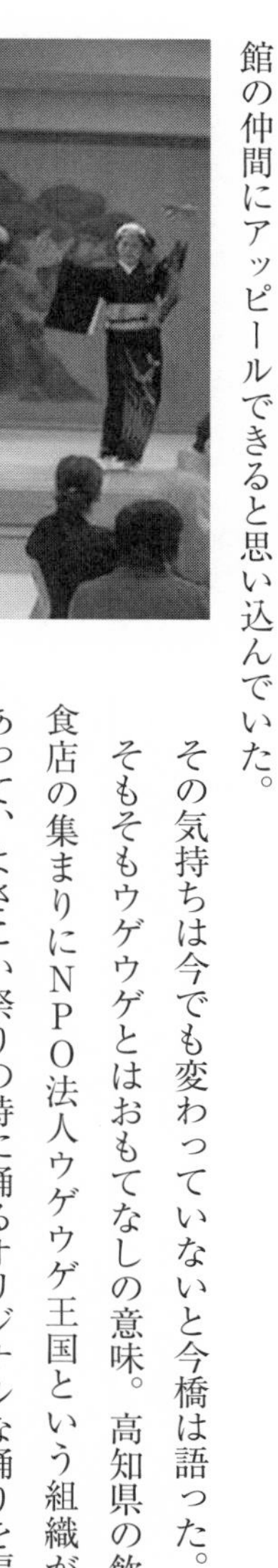
ウゲウゲ踊り

宿泊係、フロントスタッフを集めて、ウゲウゲ踊りを自らやってみて教えた。

1時間のうちにみな覚えていった。そしてさっそくその夜からその宴会芸は始まった。

今橋はリーダーになって回を重ねるうちに、自然に高知にふさわしい竜馬役になっていた。

この踊りは今では全員が踊れるようになっていて、お客をもてなすとともに、スタッフがそのおもてなしを通して一丸になっていく結果をもたらしていった。

今橋はもともと旅館とは縁の遠い経歴を持っていた。

東京農大での農業経済を専攻していた人だ。それが農業に関係のない内装業の会社に就職した。サッカーの社会人チームに所属していて、その仲間にその内装業の社長がいた。椅子とか、店舗デザインをする会社だと説明されて入社してみたら、内装工事の現場監督の仕事に就くことになった。

やがて父親のがんが見つかって、彼は高知に帰ることになった。サービス業にも、旅館業にも関心があったわけではなかったが、たまたまの縁で「土佐御苑」に入社してきた。24歳の時だ。

入社した2006年当時は、女将が社長で、横山公大が常務であった。

館内はおもてなしを競い合い、ワンチームを育てようとした雰囲気があった。今橋も初めての旅館業でありながらうまくチームに馴染むことができた。

大会に出場するときは、残った仲間が激励の見送りをしてくれた。間違いなく日本一になるという自信でガッツポーズをとって出かけていった。

2次予選の結果もうわさでは断トツだったようだ。それが取れなかった。

残った社員にどう報告したらいいか、とても悩んだようだった。

川上(旧姓増田)千秋のグチ貯金

壇上で最初に各種委員会の報告をした2人のうちの1人。ウゲウゲ踊りも元気よく踊っていた川上千秋が高卒で「土佐御苑」に入社したのは2005年。

入社して間もなく、社内は横山常務の持ち込む「共に学び共に成長する」さまざまな試みが展開されていた。ウゲウゲ踊りにも加わった。№1の名札もつけた。

当時は横山とスタッフで飲みに行くことも多かった。そんな時は本気で横山と喧嘩もした。最後はみんなで泣いて「みんなで旅館を良くしようね」と言って終わったものだった。

川上千秋氏

彼女が4階の客室担当の時。仲間は自分を入れて3人。その3人で「マイナス思考をプラス思考にしよう」と申し合わせ、グチ貯金なるものをつくった。

愚痴を言ったものが100円を貯金箱に投入する。仕事上の話でも日常会話でもつい愚痴が口から飛び出す。その瞬間、仲間に指摘され100円を投入。そのうち「お金を払うから愚痴を言わせて」と言ってストレスを解消することもあった。

結構たまったようだ。たまったお金で大嶋啓介や斎藤一人など自己啓発本を買って回し読んだ。

そんな雰囲気が館内に漂っていた。彼女は25歳で客室主任になった。

大会に出場したのが28歳の時。人を巻き込むのがうまい今橋の下で、練習を重ねた。

自信はあったが、客観的に見てもらおうと業者の人達を40人ぐらい呼んでリハーサルもやった。

その時「もう少し工夫したほうがいい」という意見が出され、踊り以外は全部直して準備を万全にした。

彼女も今橋と同じでグランプリを確信していた。他の旅館のプレゼンを見ていても「全く相手にならず我々には余裕があった」ようだ。

今橋同様、今でも結果については納得がいっていない。

旅館甲子園ファウンダー横山公大の想い

壇上に上がった2人の幹部スタッフの話からわかるように、2013年の第1回大会以前から、横山公大がきっかけをつくっていった働くスタッフが輝くさまざまな試みが実って、第2回大会のプレゼンにつながった。一番よく理解していた今橋と川上に任せて横山は口出しすることはなかった。

ここで種をまいた組織者横山公大の存在意味を、経歴を振り返りながら考えてみよう。

「土佐御苑」は1964年、祖母が創業した旅館だ。時代は高度経済成長に突入した時代。

観光ブームを予感した彼女は繁盛していた美容院をたたんで3階建て十数室の旅館業を立ち上げた凄腕の人だ。

母親も日本舞踊を習っていて、学校から帰ると宴会場に出て踊ったというから親子して旅館業の申し子のような人だった。

「土佐御苑」

その祖母は1991年に他界。父親は婿養子で旅館は母任せ。自分は針灸業を始めていた。

やがて横山が中学2年の時に離婚。

旅館は母が継ぎ再婚もした。横山は義父にも反発し高校に行かず退学処分に。

居酒屋を拠点にぶらぶらしていたが、17歳の時に居酒屋の女将さんに誘われて板前修業を始めた。2年間ぐらいたったころその女将さんに高校だけは出なさいと諭され、夜間高校に通った。

合計6年間の板前修業を終えたころ、高校卒業少し前にニュージーランドに旅行した。

その自然の美しさに心を奪われた。

いったん帰国し高校も卒業した半年後、永住するつもりでニュージーランドのオークランドにあるカールトンホテル内の日本料理店「桂」で働きだした。

2年3カ月たち英会話も何とかこなせるようになったころ、母親の大病の知らせが届いた。大腸のポリープが見つかりかなり危ない、という内容だった。

戻ってきたとき横山は26歳の時だった。その時には母親は元気を取り戻していた。

板前修業をしっかりやってきたが、経営のことを学びたくてフロントに入った。

その時「土佐御苑」は拡張を重ね128室、480人収容の大旅館になっていた。従業員も180人ぐらいの大所帯。

母親からいきなり係長から出発するように申し渡された。心配した通り、高卒から10年以上下積みの仕事をしてそろそろ役職に就けるかなと期待していた同年輩の従業員から反発された。あからさまに無視されるようになった。挨拶しても返されないことがしばしば。

2、3カ月たってもう辞めようかと思ったぐらい追い詰められた。そんな時、自分の立ち位置をしっかり固めようと数々のセミナーに通った。そこで「自分が本気になれば自分と未来は変えられる」と悟った彼は、やれるところからやってみようと決意。毎日一番早く出勤し、最後に退社することを続けていった。

やがて周りから受け入れられるようになっていった。

大嶋啓介と出会ったのはそのような時だった。大嶋との交流が始まり、居酒屋甲子園の人たちとも親密に交流するようになった。

２００６年の居酒屋甲子園第２回大会も見に行った。話には聞いていたが舞台で繰り広げられる熱のこもったパフォーマンスに圧倒された。

それが先述したような居酒屋の３人会議につながり、旅館甲子園の立ち上げにつながっていくのだが、横山は自分の拠点である「土佐御苑」にそのエネルギーを持ち込もうとした。

居酒屋や小規模な旅館と違って、団体客対応につくった大きな観光旅館。

組織も当然分業化が進んで、まとめるのも大変だ。どうしてもトップダウンを前提にしたピラミッド型の組織になりがち。そこを横山はボトムアップスタイルのフラットな組織に変えようと努力をした。川上の話にあったように、毎晩のようにスタッフと酒を酌み交わし、喧嘩し、泣いて、同志的紐帯を強めていった。またワンチームを確認してモチベーションを高めるために朝礼をやったし、No.１宣言も名札につけて実行した。

そうやって生み出された熱気が第２回大会のプレゼンに反映した。

私見だが今橋が熱演し、会場を沸かせたウゲウゲ踊りが、お客への「土佐御苑」らしいおもてなしであるとともに、従業員に一体感とここで働く喜びを与えていったという事実を、解説を入れながら全体の文脈の中で明らかにされていたら、その意味がもっと伝わったのではと思う。

伊香保温泉「ホテル松本楼」（第2回、第3回、第4回連続ファイナリスト）

体質改善のヒントは第1回旅館甲子園

松本光男の組織改革

群馬県伊香保温泉「松本楼」の専務松本光男は、東京に向かう新幹線の中で、行き詰まってしまったおのれの改革計画について考え続けていた。

その改革案は光男にとって間違った提案だとは今でも思っていなかった。

「どうしてこうなってしまったのだろう」と首をかしげるばかりであった。

縁あって婿養子で「松本楼」に入社した光男は、ダスキンの加盟企業の幹部として多くの部下を抱え大活躍をしてきた人で、経営の何たるかを心得ていたつもりであった。

初めて見た「松本楼」の想像以上の規模に一瞬たじろいだものの、この妻となら何とかやっていけるのではと、かすかではあるが自信も生まれていた。

しかし全く異なった世界に身を置いた彼は、入社してすぐに専務の役職を与えられてとまどってしまった。しかし早く後継者として育ってほしいと思う義理の両親の気持ちを彼は素直に受け止めていった。

企業幹部のキャリアを持つ光男は、旅館業のやり方、あり方を頭と体で覚えるまでは「3年間はじっと様子を見よう」と自らに言い聞かせていた。

結婚して入社した年がちょうどリーマンショック。売り上げがみるみる落ちていった。

そんな時でも義父の社長は、営業に出ようとする光男を押しとどめて、館内にじっと腰を落ち着けて館内設備に精通することを求めた。

そして落ち着きを取り戻した4年目になって、彼は社内改革に手をつけていった。

1つはマルチタスク、すなわち多能化を全社員が目指すというものだった。

松本光男氏

団体客が中心で目が回るほど忙しかったバブル時代では分業化による効率的な運営が求められた。その分業化の状態が、団体客が激減し、収益力が弱まってきた段階においても相変わらず固定化されれば、ひとりの作業に無駄が生み出されていく。

減収減益の悪循環に陥っていくことが予想された。

そう悟った光男の多能化方針は間違っていなかった。

ひとりが何役もこなす能力も時間的余裕もある。それを以前構築した分業化の中で与えられた仕事以外は手を出そうとしないベテランの従業員。

軋轢は深まっていった。

光男が打ち出したもう1つの改革案は若返り計画。

当時の従業員の平均年齢は58歳。このままいけば「松本楼」は早晩老人ばかりの宿になり先が見えなくなる。その光男の危機感は当然である。新卒者の採用を積極的に行ない、若返りを図るという組織方針が打ち出された。

この2つの改革案は、それまで長く「松本楼」で働いていたベテランたちには自分の仕事や存在が否定されたように受け取られた。

当時の義父の社長や義母の女将はまだ健在で現場に立っていた。

ベテランたちは他業界からやってきて、いきなり専務になった婿養子にはロイヤリティーを持っていなかった。社長と女将の下でやって来たという自負を持って専務の提案にははっきりと拒絶反応を示した。

しかし社長と女将はその光男の方針を支持し、陰でベテランの説得にあたってくれた。

そのうち1人、2人と辞めるものが出てきて、ついには半年間で30人もの従業員が「松本楼」を去っていった。その中にはせっかく採用した新卒者8名も含まれていた。彼らは上司の命令内容が一人一人まちまちでいつも戸惑い、スキルも全然磨かれないことを悟ったことや、「この『松本楼』

には未来はないぞ」と辞めていったベテラン従業員の捨て台詞も聞かされ、嫌気がさして辞めていった。新人教育の体制もできていなかったスキを突かれた形で若者を失っていった。

残されたものでどうやってこの松本楼を維持、運営していくか。光男は必死だった。

夜になると若女将の由起は2歳の娘を寝かしつけてから館内のクラブでママ代行をやり、専務の光男はラーメンコーナーでラーメン運びに汗を流していた。

倫理法人会で共に学び、そこで知り合い結婚した2人の再建の想いは、従業員のマインドをひとつにすることに向けられていった。

そのためにどうしたらいいのだ。悩みに悩んだ。

そんな時に2013年2月に開催された第1回旅館甲子園に見学に行くことを思いついた。

他の旅館ではどのように組織管理しているのか、どんな思いをもって旅館を営んでいるのか。藁をもつかむ思いで光男はそこから何かをつかもうと必死で東京の会場、東京ビッグサイトに向かっていった。

第1回大会の衝撃

旅館甲子園第1回大会では5施設のファイナリストのプレゼンテーションが進んでいた。

見ていた光男は心をひとつにしていくことはこういうことなのかもしれないと思い始め、自分たちもここに出られないだろうかとだんだん考え始めていた。

押し黙ったまま会場を後にした光男は、いつの間にかむらむらと闘争心が沸き上がり「よし我々もこれに挑戦してみよう」と思い始めていた。

さっそく帰って由起に話してみた。しかし由起の答えは冷たかった。「それは絶対無理。レベルが違い過ぎる」というネガティブな態度だった。

彼女はすでに評判になっていた越後湯沢「ＨＡＴＡＧＯ井仙」を見学したことがあり、井口社長の凄さを知っていたので、おそれ多いことがよくわかっていた。そこがファイナリストになっている。また他のファイナリストも社内をしっかりまとめている様子を光男から聞いて、自分の今の現状から対等に競い合う相手ではないと感じていた。

松本由起氏

22歳から25歳になるまでの3年間ロンドンに留学し、ホテルで修業した由起は、帰国後猛然と旅館の古い体質改善に取り組んでいった。

その体質改善案は、ロンドンで学んだ個人客相手の洗練されたサービススタイルを持ち込むことにあった。しかし当時の伊香保温泉を訪れる客は団体客中心の時代で、お客はある意味では機械的なサービスで満足していた。

「今振り返ると言いたい放題言っていた気がする」と反省する由起の提案は現実的ではないと現場

からはねつけられた。つらい経験だった。

やがてストレスによるアトピー性皮膚炎にかかり両親を心配させた。

「松本楼」の将来を娘に託していた両親は、社員寮とゲートボール場があった場所を取り壊し、由起の思いを形に現した洋風旅館「ぴのん」を開業した。

しかし「松本楼」の改革に失敗した由起の後遺症は消えていなかった。挑戦する怖さがあった。ましてや光男の改革案が30人の従業員を失うという失敗も目の前で見ている。

社内をまとめ上げ旅館甲子園に出るなどとんでもないことなのである。

しばらくして大会のＤＶＤを見てなおさら由起は沈んでいった。

しかし光男はひそかにその意思を固めていた。

とりあえずアクションを起こしていこう、と考えた光男は、みんなの心を一つにする手段の１つとして朝礼を取り入れる決意をしていった。

実は結婚前、２人は別々に居酒屋甲子園の創始者大嶋啓介経営の「てっぺん」で全国的に知れ渡っていた朝礼に参加していた。

この朝礼は公開されていて、見学が自由であった。またその朝礼に参加することも進められた。なんと２人とも若者の輪に入ってその朝礼を体験している。

また第１回大会でグランプリに輝いた青根温泉の「流辿別邸観山聴月」のプレゼンテーションで開陳された「てっぺん」風の〝日本一宣言〟（自分の得意分野で日本一になることを宣言）や理念

の唱和もヒントになった。

はじめは戸惑いながらも始めた朝礼も、回を重ねるごとに従業員の一体感が生まれてきていた。その成果が実って、翌年２０１４年４月に行なわれた群馬県の朝礼コンクールでは優勝してしまった。もうその時は由起の気持ちはポジティブに変化して勇気を取り戻していた。

若い従業員の中から上を目指す志向が生まれた。「全国大会はないのですか」という声がもちあがってきた。

もうこうなったら旅館甲子園しかないなと、光男はひそかに決意を固めていった。

第２回大会への挑戦

それから2カ月後の6月、群馬県旅館組合青年部の会議に光男も列席していた。

会議中に第1回大会実行委員長だった四万温泉「佳元」社長、田村佳之から「松本君のところ、出てみない」と声がかかり、光男は「出ます」と即答していた。

田村佳之は朝礼コンクール優勝のことも知っていたし、またそれを通して社員の心を一つにしている努力を見て、旅館甲子園出場にふさわしいと判断したのだろう。

さっそくエントリーフォームを取り寄せ、夫婦２人の戦いが始まった。

２人で一生懸命エントリーフォームに自分たちの想い、実績、将来展望を記入していった。

やがて２人の想いは通じ、その年の10月、京都で行なわれた青年部の全国大会でファイナリストに選ばれることになった。

第2回大会は翌年の2月である。準備をするにも紅葉の季節、年末年始を控え旅館は大忙しの時。しかしその忙しい合間をぬって2人は台本、構成を練った。

初めての体験でしかも時間的な余裕もない。どうしても2人が強引に引っ張っていくことも多く、従業員にとってはやらされた感があった。

しかも全員がそろっての練習がほとんどできず、大会前日のリハーサルで初めてそれが実現するありさまだった。しかしリハーサルで生まれたチームワークは、全員に心地よい緊張と喜びをもたらし、本番ではみな落ち着いて役割を果たしていった。

相手に応じてきめ細かいところまで気を遣う料理長の離乳食の話や、祖母との実体験から由起の発想で生まれたバリアフリーの部屋の話など、かゆいところまで手を届かせるおもてなしの実態をわかりやすく表現した。

また自分たちにふさわしい「特徴のあるものを」と考え、実績を積んできた朝礼をプレゼンテーションの目玉に持ってきた。挨拶訓練、ハイ訓練が会場を圧倒していった。

印象的だったのは、旅館甲子園に挑戦した動機に半年の間に30人の従業員を失ったつらい事実があったという光男の話と、この松本楼で自分は再生することができたという庄司昌史の話。とりわけ庄司のファミリーヒストリーは感動的だった。

小学生の時に両親が離婚した庄司は9歳まで女手一つで育ててくれた母の急死で、突然姉、妹とともに父親に預けられた。父親は愛人を家に引き入れ、親らしい愛情を子供に注がなくなった。やがて父親はその愛人と別れるが、また別の愛人をつくって再び家に入れた。そんな庄司は中学時代ほとんど学校に通わず不登校を続けていた。

なんとか中学校を卒業し、高校に通うのだが、姉が高卒で就職し家を出るや、父親と同居することが耐えられず、妹とともに狭いアパートを借りて2人で暮らし始めた。奨学金を申請していたが生活費もアルバイトをしながらの生活。また不登校が続いた。性格も暗くなり笑顔も消えた。

学校の先生は、なんとか彼を卒業させることができたが就職先に不安を持った。

ともかく第一印象が暗い。不幸な生い立ちが顔に出ていた。

どこに行っても面接で落とされると判断した先生は、「松本楼」ならば彼を救ってくれるのではと思い、「松本楼」一本に絞り、面接を受けさせることにした。その先生は面接前日「松本楼」を訪ね、「もともと性格がいいし頭のいい子なので何とか雇ってほしい」と頼み込んできた。

面接した光男と由起は、目を合わすこともできないその暗い性格に、接客商売向きではないと判断し、不採用にしようと思ったが、最後に投げかけた質問、「君の良いところは」に「絶対やめないところです」と答えたことに、「それならば、かけてみよう」という気になり採用した。「松本楼」の従業員と交わり、仲間のひとりとして扱われていることを自覚するや、彼はみるみる変貌し、たった3カ月で皆から信頼を得るようになった。

彼は壇上で「自分は『松本楼』で変わることができました。人は変わることができるのだという事実を後輩にも教えていきたい」と結んだ言葉は、旅館甲子園が存在する意味をも語っていたようである。

3回、4回と3連続出場を果たす

2回大会を終わった舞台裏で皆は抱き合い涙をこぼした。

旅館甲子園は「松本楼」の人たちを確実に一つの渦に巻き込み始めた。

グランプリを獲得した渋温泉の「さかえや」は自分たちが探し求めていた最高のものがなんであるかを教えてくれた。目標ができたことに光男も由起も胸がいっぱいになった。勝者も敗者もなく、最高のものを探し当てたという意味ではみんな勝者なのだ。

さっそく2人は「さかえや」を訪ね、社長湯本晴彦に会い交流を願った。

そこから社員研修の場に「さかえや」を使いながら深掘りが始まった。

またこの大会を通して仲間があって初めて自分があると気づかされたスタッフたちは、どんどん変化していった。化学反応を起こしていったわけである。

特に自分のファミリーヒストリーを堂々と語って見せた庄司昌史の変化が目覚ましかった。

第2回大会の準備中、壇上で語る内容を彼は周辺に迷惑をかけられないと、枕に顔を押し付けて大声をあげなら頭に叩き込んでいったという。それほど旅館甲子園にかけた彼の熱量は半端ではなかった。またそれだけ大会後の変化が激しかった。

仕事でも研修でもいつも中心にいて皆を牽引していった。

２０１６年10月、青年部の全国大会で再び「松本楼」がファイナリストに選ばれた。直ちにプロジェクトが組まれたが、今回は若い７人のスタッフに任せられた。自主的にチームを創り出す力がついてきたと光男と由起が判断したからだ。

もちろんその中心には庄司がいた。その脇には「ぴのん」の高橋奈々美（のちに総務主任）や調理の小池竜紀（のちにフロント主任）、接客の冨澤貴那緒などがいて、皆仕事が終わる９時半に集まり深夜まで話し合いがもたれた。

高橋奈々美はブライダルの専門学校を出て、その道を目指したが就職ができず、接客業に方向転換するも第一志望の旅館でも不採用になっていた。２番目に受け内定をもらった段階で第２回大会に連れて行ってもらい見学。仲間の発表に舞台裏で控えていた者たちがみな泣いていた姿を見て、この仲間と働けるのだということにもらい泣きしながら喜びを感じていた。

小池竜紀は調理場という閉鎖的な場所で働いていたせいか、引っ込み思案で自分中心で決めていくところがある人間だったが、旅館甲子園を通して仲間の大切さを知り、仲間に気を遣い、積極的にかかわるようになった。

冨澤貴那緒は、７、８年前、人数がそろわないことから長時間労働にならざるを得ない時があり、それに疑問を持ち一度は退社して、渋川の不動産会社に就職。アパートの仲介に精を出していたが、先輩と肌が合わず、コミュニケーションをとるのに悩んだ。やがて嫌気がさし辞めてしまい、ぶらぶらしていた。そんな時に小池竜紀に「松本楼」に戻ってこないかと説得された。コミュニケーションをとるのに丁寧だった「松本楼」の優れている点が思いだされ、恥を忍んで復帰することにした。はじめは確かに信頼を失っていた。

第2回大会参加から「松本楼」の中は組織の風通しがよくなり、チームワークが一段とレベルアップする中で、もともとムードメーカーだった冨澤は周りからの信頼も徐々に勝ち得て、仲間として第3回大会に向かっていった。

2019年の第4回も「松本楼」はファイナリストに選ばれた。

第3回大会で壇上に上がった人たち、また内定の段階で会場にやって来た人たちが自分の変化、旅館の変化を実感して再び上がってきたわけである。

このプレゼンテーションでは適材適所という組織戦略が中心に語られた。

100人近くの組織になると、なかなか一人一人の悩みやスキルについて目が行き届かなくなる。チームの中心にいながらも、悩みを打ち明けられず脱落してしまうスタッフも出

「松本楼」の外観

てくる。組織を固定せず、流動化を進めながら適材適所を実現していく。それを「松本楼」では意識してやって来た。

第3回大会では大活躍をした調理場の小池竜紀は、人に言えない悩みを抱えていた。尊敬していた当時の調理長が亡くなり目標を失っていた彼は、調理場のルーティーン作業に疲れを感じていた。労働時間もいやに長く感じられるようになった。自分をもう一度奮い立たせるための転職を考えハローワークに飛び込んだ。ちょうどそこで、人事担当の先輩に見つかり、たちまち会社に知れることになった。

彼の話を聞いた光男と由起は、〝社内転職〟を奨めた。それで、フロントに回り直接お客に接する業務についた。もともと高校時代に3年間コンビニでアルバイトをしていて接客は嫌いではなかった。彼は全く異なった人生を歩み始めることにした。今では「竜ちゃんありがとう」とお客に声をかけられるまでこの仕事が板についてきた。

定年退職した後も旅館に残り、自分にふさわしい業務で会社に貢献しているベテランも〝適材適所〟の考えから活躍しているといっていい。

昔は支配人を務めた今年70歳になる及川善弘は館内業務に精通している人だが、口出しはせず後ろに回って若いものを支援している。雑用を黙々とこなす縁の下の力持ちだ。

接客のベテラン宮崎美知子も貴重な存在だ。60歳の定年退職まではルーム長を務めていた人だ。今は夜だけのパートだが、70歳とも思えない軽やかな動きで後輩を引っ張る。

彼女は結婚するまでは看護師をしていた人。いざという時のためにも彼女の存在は貴重である。めっぽう明るい人だ。

斉藤麻結の決意に涙する

第4回大会は全館休業して全員参加でやって来た。第3回大会を終わった段階で光男は次にはこの感動を全員で共有すると心に誓っていた。仲間のスピーチを壇上や舞台裏で聞きながら皆涙を流して心を一つにしていった。

達成感でほっとし、会場近くの食事処で打ち上げの会に臨んだ光男と由起に、思わぬサプライズが飛び込んできた。

いつもは人一倍仕事に精を出し、会社に貢献していた21歳の斉藤麻結が2人に駆け寄り「今回は何も協力できずすみませんでした」と頭を下げた。彼女も先輩のスピーチを聞いて裏で泣いていたひとりであった。

「旅館甲子園に参加して、『松本楼』で働く意味を知りました。ただ働く場所ではなく同時に仲間と助け合い、仲間とともに学び成長する場所なんだと気がつきました」。

実は彼女はこのプロジェクトに参加することに躊躇していた。参加しない先輩に気を遣ってその参加を辞退してしまった。しかし後悔した。

「一歩踏み出す前の戸惑いで後悔することは二度としたくない」。この斉藤の決意に光男も由起も胸が熱くなり、旅館甲子園は参加しなかった人たちにもこんなにすごい影響を与えていった事実に奇跡に近いものを感じ取っていた。

この斉藤はその後人から「顔が変わったね」といわれるぐらい変貌し、仲間の輪の中で生き生きと働いている。

庄司昌史も斉藤麻結も、旅館甲子園が生み出した輝く結晶体そのもののようだ。

光男が壇上で叫んだ「社員が変われば旅館も変わる」という言葉は、彼の実感であったし実績でもあった。

徳島県「大歩危峡まんなか」（第2回大会ファイナリスト）

働く仲間が輝いていれば、お客さまは必ず来てくれる

3日間休館しての登場

徳島県の西、四国のほぼ中央。香川県から高知県に南下する国道32号線に沿って立つ「まんなか」は国の天然記念物に認定された大歩危峡（おおぼけ）の真上にある。岩肌が刃物を重ねたように鋭く突き出す深い峡谷。その底を急流となって下る吉野川。それらを見下ろす絶景は、2億年にわたる自然の営みを感じさせて神秘的ですらある。

この山深い秘境の宿から、楽天トラベル主催のアワード連続受賞の実績を携えて「まんなか」のスタッフたちは第2回大会にやって来た。それは前後3日間の休館をもって臨んだ大仕事だった。

実演前の映像による「まんなか」の解説の中で、社長の大平修司は「年上のスタッフたちが、私の言うことを本当に素直に聞いてくれる。これには感謝という言葉しかないのです。今あるのはみんな彼らのおかげです」と目から涙をこぼし、口唇を震わせながら語ったシーンが印象的だった。

その場面からこの旅館のプレゼンテーションの持つ精神性を予感させていった。

実演場面では各スタッフによって「まんなか」ならではのおもてなしが語られた。

特に顧客との親密なコミュニケーションの取り方に関しては具体的で、説得力があった。

ウェブサイトで、顔写真とニックネームを掲載し、ネームプレートにも反映させている話や、おのれの体重を公表し、増えたときにその分お客にクーポンが発行されるという副支配人の意表を突くアイデアなど面白心がいっぱい詰まっていた。

この旅館はインバウンドが平均3割と異常に多い。2019年11月の紅葉の季節には6割にも達したというから半端ではない。本国の国旗を振っての送り迎えのこと、その国の料理を必ず1品加えるという調理場の気の遣い方などの報告は、インバウンド対策に知恵を絞っている会場の人たちの学びになったはずである。

大平修司氏

大平修司の話は、3日間休館して出場してきた意味が伝わる熱量いっぱいの内容だった。彼は「働く仲間が輝いていれば、旅館も輝き、お客さまは必ず来てくれる」という言葉を自分に言い聞かせるように何度も語っていた。

8年前（2007年）大平がこの旅館に入った時は、組織はバラバラで、接客レベルも、料理のレベルもよくなかった。いつもネットの口コミサイトを見るのが怖かった。悪いのはスタッフのやる気のなさにあると大平はいつも責任転嫁していた。

しかし3年前（2012年）、その最悪な状態から脱出することができた契機が、ある女性からもたらされた。その女性を大平が腹の底からはき出した大きな声で紹介した。

やがて楽天トラベルの小川美紀にスポットライトがあてられた。

旅行サイトの営業の一女性がかくもリスペクトされて登場してきた様子に、会場にいる人たちは度肝を抜かれた。営業というくくりで、いつもは組織外の人としかとらえられなかった人が、組織を変えた人として紹介されたのだから驚くのは当たり前だ。

「小さな宿でもみんながその気になればできないことはない」といい、「この宿には光るものがあった」と見抜いた彼女は、営業の向こう側にある光るものに立ち向かった。

営業にやって来た当初は、大平にけんもほろろに扱われたようだ。しかし何度か通ううちに大平が営業以外のことで相談を持ち掛けるようになってきた。

一方大平は会うほどに小川のアドバイスが的確で、相手の立場に立って利他精神で一生懸命対応する姿に一目置くようになり〝仲間〟という感情が芽生えていった。指摘されたことを実行してみると、素晴らしい結果が出るようになった。

「感動と感謝の共有」というスローガンは、スタッフ一人一人の仕事のあり方の中に刷り込まれ、いつの間にかこの旅館のよって立つ理念へと昇華していった。

「まんなか」の意味を深める大平修司

屋号に使っている「まんなか」という言葉の意味を大平はいつも心の中でかみしめている。そこには「表も裏もない、商売に角がない、人間の真ん中には心がある」という1972年にこの屋号を付けた4代目に当たる祖母の想いが詰まっている。

大平がこの旅館にたずさわったのは弱冠26歳の時。それからの旅館経営における波瀾万丈は、大平がその「まんなか」の意味を深めていく過程でもあった。

東京・八王子の帝京大学を出た大平は、学生時代に1年間アルバイトを経験したアウトドアショップの「モンベル」に入社し、2年間そこで異業種の体験をした。

6代目に当たる彼は学生時代から帰省のたびに旅館や、自社が経営するレストランの手伝いをしていたので、自分が引き継ぐときには覚悟はできていた。

しかし若い彼を待ち受けていたのは厳しい現実だった。

働いている人たちに覇気が感じられなかった。

一番頭を痛めたのは、内部にあった一種のイジメ。首謀

「まんなか」の外観

者がイジメの対象をつくり、周りをあおっていくことが行なわれていた。当然の結果だが、働いていることがしんどく、ミスが目立ち、お客からのクレームが続いた。首謀者を辞めさせ、やっと落ち着いたと思ったら、いつの間にか別の首謀者が現れ、別のマトをつくり同じことが繰り返された。それが長く続いた。

またモノへのこだわりもなかった。

すべて安物を揃えることしか考えなかった。例えば歯ブラシ。靴を磨けるほど固い歯ブラシを一番安いからという理由で平気でお客に出していた。

そんなことだから、ネットの口コミサイトでどう書かれるかいつもひやひやしていた。

どうしたらこの状況から脱出できるのか。悩んでも答えは見いだせなかった。

そんな時に楽天トラベルの小川美紀に出会った。

集客はじゃらんに頼っていた時代。楽天トラベルでは部屋が売れない。はなからそう思っていた。

しかし彼女は「徳島が活気づけばいいのです」と言って、営業色を消去して大平に向き合った。

「黙っていても売れる時はうちで出さなくてもいいのです」とまで彼女は言い切った。

小川の本気度を信じ始めた大平は何かと彼女に相談するようになっていった。

ある時はコンサルタントのように、ある時にはカウンセラーのように小川は大平たちの輪の中に入っていった。

大平は客目線、客の利便性からすべてを見直すようになっていった。

例えば客室内のコンセントの位置。これまでは電気掃除機が使いやすいように従業員の作業効率からその位置を決めていた。しかし彼女は携帯の充電がしやすい位置にも必要なのではと、客目線のアドバイスをくれた。

大平にとっては目からウロコであった。

そんな視点の切り替えは店内の細部にも及ぶようになった。

「かゆいところに手が届くサービス」とお客に言われるような気配りを徹底していった。

鼻炎のスタッフからヒントを得て、ティッシュを保湿ティッシュに切り替え、お客の求めるものを先取りしていった。

そのように客目線で細部にこだわっていくと、それに気が付くお客が敏感に反応し、喜んでくれる。それは働くスタッフにも喜びがもたらされることだ。

楽天トラベルの主催するアワードの受賞は顧客満足の視点が高く評価されていくものだが、それを通してスタッフ同士が想いをひとつにしていく契機にもなっていったようだ。

小川がかかわりだした翌年から、アワードでは連続受賞するようになっていった。

その事実によってスタッフの目標は、売り上げや利益目標だけでなく、おもてなしによる顧客満足や、チームワークづくりまでが意識されるようになり、共に学び共に成長する大切さが深掘りされていくようになった。

２０１７年から3年連続で四国のゴールドアワードと、日本の宿ＴＯＰ47のＷ受賞を受けるまでになっている。

料理で「まんなか」を追い求めた大平一義

「かずくん」と愛称で呼ばれている副調理長の大平一義は修司の親戚筋にあたる人で、小さいときからの遊び仲間だった。その彼は今では修司の仕事上の盟友ともいえる仲になっていて、中心軸になってこの旅館を牽引している。

地のものにこだわり、自由な発想を重視して「まんなか」ブランドを料理の面から作り出そうとしている。徳島で旅館料理の有名店になり、いずれミシュランの星が取れるような料理文化を確立していきたいと夢は大きい。

その彼は今41歳だが、紆余曲折を経て修司の片腕になっている。

19歳で神戸調理師専門学校に入り和食を学んでいる。有馬温泉の有名旅館で厨房に入るも1年半で挫折して郷里に戻ってきた。30人もいる調理場では教育訓練の仕組みもよくできていて、いろいろな仕事に挑戦もさせてくれたが、「調理の世界には向いていないのでは」とかってに悩み、友達の親が亡くなったことをきっかけに親元に戻りたくなり帰郷してしまった。

そんな彼に修司の父親が声をかけ、「まんなか」で働くことになった。

しかし当時の厨房は親方と彼2人の世界。仕事は忙しく休みが取れない。結婚して子供もできたとき。時間が欲しかった。休みを取って感性を磨きたかった。しかしそれどころではない毎日。

休日という言葉がゴジラのように大きく覆いかぶさってきて、ついにその仕事場を離れた。休日が保障された病院の給食現場に籍を移した。

しかしそこで体験したことは料理に対する発想の違いだった。味を楽しむというより生きるための食事が前提になっていた。栄養士の仕事は調理の仕事というよりも〝作業〟になっていた。なれた人がテキパキこなし、早く終わらせるその〝作業〟に一義は衝撃を受けた。「ロボットのようになっていた」自分に気づき、もう一度振出しに戻ることを決意。

休日も大切だが「人間の真ん中にある心」が躍動しなければ、調理人になった意味がない。一義は恥を忍んで「まんなか」に再就職を願い出た。

再び古巣に戻った一義だったが「やれる環境にあったのに辞めた後悔」は付きまとい、精神的にきつい時間を過ごした。

しかし以前「料理の鉄人」の道場六三郎をテレビで見ていて「料理の中に自分の想いを込める」「料理を通して社会につながっていく」という言葉に感銘を受けた自分を思い出し、徐々に自分を取り戻していった。

２０１３年10月、大阪・肥後橋の「ＨＡＪＩＭＥ」のオーナーシェフの料理を手伝う機会を得た。そのオーナーシェフ米田肇はＩＴの世界から料理の世界に飛び込み、１年５カ月という世界最短でミシュラン三ツ星をとった天才的な料理人。徳島県三好市・祖谷(いや)の野外レストランで催された80人の客を集めた「ダイニングアウト」でこの天才シェフが腕を振るうのを真近で見て「もっと自由にやってもいいのだ」と改めて思い、勇気をもらって今厨房に立っている。

彼は旅館甲子園に出た体験を「働いている人の表現の場を初めて体験し、すごいことだと思った」「働くことの意味を問い、それを学び、おのれを成長させる場であると思った」「私にとって人生の学びの場でもあった」と述懐している。3日間の休暇をとって出場した意味をそう語った一義は、確かに大きく飛躍し修司の盟友になっている。

口コミサイトでお客の「まんなか」を射る宮本真二

壇上で宮本真二副支配人は、「肉割クーポン」の話を持ち出した。

お客との親近感を高めると考え、編み出した遊び心いっぱいのアイデアだ。

自分の体重をさらけ出し、増えた分をメルマガのお客にクーポンを発行するというもの。

「自分もスタッフも今までの殻を破る」という想いから思いついたものだが、お客も面白がってコミュニケーション効果を上げている。

ネバーエンディング・ストーリーのキャラクターに似ていることから「ファルコン」というあだ名がつき、来館したお客に「ファルコンさんですか」と面白がられもしている。

長期に続く宮本のブログ「ファルコンしんちゃん・まんなか通信」も、お客とのそのような親密な関係に一役買っている。

そんなひょうきんな姿を壇上でさらした彼だが、デスクに向かうと雰囲気が一変する。

特に世界の予約サイトの口コミを担当する彼は、どんな口コミ内容であっても全員に丁寧に答えることをモットーとしている。彼は善処しますとか検討しますというあいまいな答えは決してしない。改善すべきところは必ずいつまでに改善しますとはっきり表現する。

感情的な口コミは一番神経を使うところだ。丁寧に対応していくとその口コミを取り下げるお客も出てくるし、その回答を見て逆に、他のお客が、それは感情的になりすぎていると判断して応援してくるお客も出てくる。

チェックアウトした際、クレームをつけ、口コミサイトに投稿すると言って帰る客も時にはいる。その場合はすぐ返事を書いて謝罪すべきことは念を入れて謝罪する。その結果はたとえ投稿されてもかなり気分が和らいだ内容になっている例が多い。

ネット社会でのこの口コミサイトは、その旅館の全否定にもなりかねないデリケートな課題だ。したがって辛抱強くお客とのコミュニケーションが取れる人でないと務まらない。

ちなみに「まんなか」の3割はインバウンドなのだがその多くは香港からの観光客。2011年の東日本大震災をきっかけに地域の旅館が一丸となって、香港に営業をかけた。香港は関空からも近いし、香港の人たちにはそもそも国内旅行が存在しないというところに目を付けた。それが成功した。トラベルエージェントへの働きかけ、旅行博への出店、旅行本への掲載等の努力や、宮本のように口コミサイトに100%返信するといった地道な努力の結果だ。

2011年から2020年の間になんとその数は34倍に膨れ上がっている。

このようなインバウンドに対する努力、口コミ対策の努力もアワード連続受賞の下支えになっているし、スタッフの一体感を強固なものにする礎になっている。

冒頭の映像による紹介の中で宮本は「100%自分一人ではなにもできない。周りの仲間に支えられて初めて前に進める」とチームワークを強調していたのも印象的だった。

親密なコミュニケーションに精を出す筒石辰彦

「たっちゃん」という愛称で呼ばれているフロントの筒石辰彦は壇上に上がった時は39歳で、入社14年目のベテランであった。先代である修司の父親が社長の時からの人だ。

高校を出てすぐに香川県の「休暇村讃岐五色台」に就職しそこで5年勤めている。母親が先代と知り合いだったことからこの旅館に入ってきた。したがって旅館業務は20年近くのベテランになっていた。

ここでは当時から調理以外あらゆる業務をこなすマルチタスクの方針を打ち出していて、筒石もその方針に従って何でもこなしてきた。

修司が休みになると帰郷して手伝う姿を見かけることはあったが、レストランやベッドメイキングの仕事の場面しか見たことはなく、親しくすることはなかった。

こういうベテランがごく当たり前のように修司を迎え、若い彼を支えた。

筒石は自分たちの手でつくったウェブサイトにスタッフの顔写真とニックネームを貼り付けた。

いかにお客と親密で、近づきやすい関係を築けるかと考えた結果のアイデアだ。

居酒屋ではよく見かける光景だが、旅館でやる例は珍しい。

ベテランが斜に構えることなくひたむきに、お客との親密な接近を考えている。

そんなところにも「まんなか」ブランドを確立するためにスタッフが一丸となっている様子が見て取れる。

筒石は旅館甲子園出場の体験を大切にしている。他の施設の話を聞くことができてそこから多くのものを学んだ。自分たちの進むべき道筋もおぼろげながら見えてきた。

楽天トラベル・小川美紀の利他精神

壇上で大平をして「この人によって我々は変わった」と言わせしめた小川美紀とはどんな人なのか。

だいたいは大平修司から聞いてはいたが、どうしても本人から話が聞きたく、大平と3人で夕食時に取材するというチャンスをもらった。

「旅館の人は人を観察する力があります。だから半端な考えではだめだと思っていました」「会社の利益のこともあるが、まず『まんなかさん』のためになることをとことん考えました」と「まんなか」にかかわるときの気持ちを語ってくれた。

「損得抜きに」とか「営業から離れて」という営業マンの決まり文句からではない本気度をあから

小川美紀氏

さまにしてくれた。

このような場合、営業から離れてという判断は難しいものだ。理屈から言えば営業マンの対クライアントとの行為はすべて営業という規定を受ける。小川の場合もコンサルティングセールといえばそれまでだ。しかし小川の場合はまず「まんなか」のために、「徳島を活性化するために」という利他精神が前提に置かれている。その前提にあるものに誠意があるならば、コンサルティングをしながらも営業は後からついていくか並走していくものになる。

だから大平は仕事のあれこれを相談するうちにそのことを見抜き、信頼関係が結ばれていったのだと思う。

料理のことに関しても、部屋のデザインや備品配置計画に関しても、彼女は的確にアドバイスをしていった。スタッフも信頼の度合いを深めていった。

朝ご飯で出されるアユの開きは小川にとって苦手な料理。スタッフはそのことを知っていてシイタケの焼き物や鮭に何気なく変えてくれている。日々のテイスティングに協力してもらっているのでお礼を込めてそこまで気を遣っているようだ。

備品の配置計画にしても彼女の意見はあくまで使う側の目線からなので的確だ。先述したコンセントの位置もそうなのだが、備品配置も今までは働く者の作業を優先して一つのところにまとめておいていたが、彼女のアドバイスによってお客が使うところに使うものを置くという方針に変えた。クローゼットも改装の時、ドアによって通路が狭くなることを考え、ドアを付けないやり方に変えた。かえって使い勝手がいいとお客に好評だ。

さらに楽天アワードの受賞は、みんなの気持ちを一つにしていく役割を果たした。業績や顧客満足度などをもって評価されるこのアワードは、毎日の朝礼での接客や料理に関する反省、創造の繰り返しの中でつくられた「まんなか」らしさに与えられるもの。共に学び共に成長する姿勢が持続しないと連続受賞はあり得ない。

それを象徴する出来事が２０１５年の旅館甲子園第2回大会出場であった。

その準備に身を粉にして手伝ったのも小川だった。

はじめはみんな固く暗かった。引っ込み思案で声も小さい。１回目の練習でどうしようか、と考え込んでしまった。

しかし「プレゼンテーションは慣れていなくとも、実を伴っているから大丈夫」と一人一人に言いきかせ続けた。だんだんレベルが上がってきた。組織的にも一体化し始めた。

人前で慣れなければと業者さんの前で演じても見せた。

そしてある時から突然変化が現れはじめた。皆別人のようになっていた。

会場でのリハーサルの時には真っ白になっていて心配したが、本番になると嘘のように最高のプレゼンテーションをやってのけた。

当日楽天トラベルの人たちも大勢応援に駆け付けた。彼らには小川が輝いて見えた。

終わってからも仕事の同僚から「どうしたらあのようにクライアントから信頼されるのか」という問い合わせが殺到した。

奥津温泉「奥津荘」（第3回大会ファイナリスト）
小規模であるがゆえのインパクト

たった5人で堂々のプレゼンテーション

壇上に上がってきたのは女性スタッフ3人。

最初に井口優によって温泉マニアに「奇跡の温泉」と言われている湯船の底から自然に湧き出る岡山県奥津温泉「奥津荘」ならではの温泉の説明が行なわれた。

加熱、加水を必要としない42・6度で毎分250リットルの湧出量。家庭のお風呂の48年分に相当するという。このような温泉は全国でも30数軒しかないと説明。

若き社長の鈴木治彦は、うちのお客はこの温泉の知識をしっかり持っている人ばかりと客筋を明らかにし、それだからこそその人たちの期待、想いにどう応えていくかをミッションにしてきたという。

この8室の小さな、しかし大きな価値を背負った宿でこのミッションに応えていくには、働く人たちをマニュアルで縛ってはならないと鈴木は判断し、彼らの自主性を大事にしてきた。自分で考え、創意工夫しながら宿という舞台で自己表現していくこと。それを楽しくこなしていくことを働くスタッフに求め続けた。

その自主的な行動の一端が3人によって披露された。

リーダー格の山本知美によって「旅館スタッフの3つのしくじり」の話がユーモアたっぷりに語られ会場を和ませた。

1つ目はお土産開発の話。

働く者の自主性を重んじる社風の中で、仕入れた饅頭だけでは貢献度が低いと悟ったスタッフたちは、自分たちの商品づくりを考えた。ミネラルたっぷりの温泉の湯と奥津米をおしゃれな袋に詰めた商品を開発し売り出したが全く売れなかった。

2つ目のしくじりはユーチューバー作戦。山本が中心になってユーチューバーになり地域のこと、観光資源のこと、イベント情報などを取材しながらアップしていったが、まったく反応が鈍く視聴回数24回という低さ。その半分は自分が視聴したものだからもう全然反応がなかったも同然であった。

3つ目のしくじりは外国人への対応。インバウンドが増えていくことが予想される。しかしながら英語が話せる人がいない、というよりも英語が怖いと思う人ばかり。前に進まなかった。

山本は続けて、これらのしくじりは自分たちに意味を残していったとつづけた。

土産物を自ら作っていった体験から、いかに生産者が知恵と時間をかけて饅頭などを作り上げていったか理解でき、その価値に対する考えが変わった。また来館したお客は何を求めているのかのニーズを摑むことを心掛けるようになり、チラシをつくったり、ディスプレイを工夫したりして土産物の売り上げを飛躍的に伸ばしていった。

またユーチューバーになって周囲の自然環境のこと、観光協会の皆さんの地域に対する思いなどを知り、「奥津荘」を取り巻く自然と人の尊さを学ぶことができたと語っていった。

またインバウンド対策としての英語の問題にしても、大切なのは一生懸命伝える気持ちなのだと、ある外国人客の手紙から教訓を得た。

このようなしくじりを経験しながら、「自主的にやるということは、そこに責任感とやりがいを生み出していくものだと悟った」山本はそう締めくくった。

鈴木治彦の小さな宿のマネジメント

鈴木のマネジメントの中心軸にあるものは自主性。

今回のプレゼンテーションの内容も全く知らされていなかった。自分たちで考え挑戦する試みだった。彼らを信じてすべて彼らに任せた。

スタッフ一人一人が輝き、長所を活かし、楽しく働く環境をつくるのが自分の役割だと心得ている。

働き方改革に力を入れたのもそのような意味からであった。

13年前（2004年）に入社して半年後から全旅連青年部に出向。旅館経営には素人であったことからそこで多くのことを学ぶことができた。

働き方改革もそのひとつだ。

法定労働時間を見据えながらどんどん理想の姿に近づけつつある。

1人当たり1カ月の労働時間は190時間、1日勤務時間10時間。1日の労働時間が長くなった分、休日を増やし、月に多い月で13日、年に120日の休日を設けて補っている。

休館日も月に4日間設け、休みやすい環境づくりも創り出している。

鈴木治彦氏

10年前に365日フルに営業したことがあったが、労働生産性の低下を招き、次の年から休館日を設けることにした。

女性陣のリーダー格の山本知美のエピソードも披露された。

娘の初めての出産。そばにいてやりたいと10日間の連続休暇を申し出た。

小さな宿なのでやりくりは大変だが、他のスタッフの協力を得てシフトをつくって山本を皆で送りだした。

「小さな宿だから協力が欠かせない。それが今ここの社内文化にまでなっている」と鈴木は語った。

またこれも労働生産性にかかわることだが、両親が考えていた宿泊料金では、働き方改革も建物の修繕もままならないと悟った鈴木は、宿泊料アップを試みた。いっぺんに値上げすると顧客満足から遠ざかってしまうと思った鈴木は毎年500円の値上げを試み12年間で6000円の値上げを、顧客満足度を下げることなく実現することができた。設備投資を少しずつ行ない、原材料費もわずかずつアップしていって、付加価値を高め労働生産性を確保していった。

鈴木の報告は小規模な宿の経営者にとっては学びの場になったはずである。

しかしこれらのマネジメントの推進は、スタッフの「責任感とやりがい」を伴った自主的で協力的な社内文化なくしては達することができない。

たった5人（1人は裏方）のプレゼンテーションだが会場にいる全国の旅館の仲間たちには大きなインパクトを与えていった。

裏方で大活躍の西本良平

壇上には立たなかったが、初めに流される映像の編集や山本と作った台本など、西本良平の裏方の役割は大きかった。

最初はどのようにプレゼンテーションしていいかわからなかった。過去の旅館甲子園のものの中にはダンスや太鼓を取り入れているのもあったが、自分たちはどうしたらいいのか、みんなで何度も話し合った。結論は「奥津荘」で取り組んできた失敗体験、改善体験をそのまま表現していこうという方向性に決まった。

その内容は「3つのしくじり」となって表れた。

素のままを表現するという考えは、そもそもこの旅館の中に流れる文化でもあった。

マニュアルではない、自分たちの感じたことをやっていってほしいという考え方が徹底していた。

西本は大会当時30歳。入社して3年目であった。

広島の人で短大を出て7年間広告会社に勤めた。タウン誌やチラシづくりなどを主な業務としていた。務めている間に彼はよく旅に出た。旅大好き人間だった。

彼の旅のスタイルは、観光地を選ぶことよりも、泊まってみたい旅館をまず見つけて、ついでにその周りの観光地に立ち寄るというもので、彼の旅行にとって旅館は第一義的であった。しかも鉄筋コンクリートの大きな観光ホテルは初めから避けた。

またチェーンのホテルや旅館も、マニュアルのにおいがしてそれも避けた。

古い木造の風情のある宿が彼のターゲットであった。

そこには人間らしいぬくもりが感じられ、柔らかい木造の空間が自分の心を落ち着かせた。

今時珍しい若者だと思いながら、私はそんな発想のそこにあるものに興味がわいた。

彼はこよなく愛された祖母の家に遊びに行くことが大好きな少年だった。木造建築の田舎家で、そこに行くとなぜか心が落ち着いた。

どうも西本はその原風景を求めて、大人になってもその匂いの漂う旅館を捜し歩いたようだ。

そんな彼だから27歳の時に転職を決意したとき、旅館で働くことに躊躇はしなかった。

インターネットで検索しているうち、もうこの旅館しかないと思わせたのが「奥津荘」だった。

ここは彼が求めているものが用意されていた。

風情のある内部空間はもちろんだが、自然噴出する名泉を存分に味わってもらおうと、あえて客数を制限して、客室を8室にとどめている経営姿勢、働くスタッフの自主性を重んじる社内文化。

西本の夢は自分の世代の人たちに、このような旅館のあり方をしっかり伝えていくことだという。

彼らしい夢の持ち方だ。

山本知美のパワフルなプレゼン

「3つのしくじり」は山本の独壇場であった。声の出し方、間の取り方も堂に入っていた。

準備に入った時はワクワク感と、不安でいっぱいであったが、鈴木社長に「『奥津荘』らしいプレゼンをすればいい」と言われ、出場スタッフ全員で討議し意外にすんなり西本がまとめたものだった。

親子ほど年の違う他の二人と「楽しんでやろう」と約束して壇上へ。

山の中の小さな旅館の失敗談がこうも会場を沸かせたのには、当人たちも驚いたという。

他の旅館のプレゼンからも多くの学びをもらった。が同時にのびのびと仕事をさせてもらっている「奥津荘」の環境に改めて感謝する機会にもなった。

大会後の交流会でも多くの人から声をかけてもらい、いろいろな話を聞くことができた。準備の過程で、出場しないスタッフから苦情も出たが、話し合うことによって理解され応援をしてもらうことになり、スタッフ一丸となってやり遂げたのも貴重な体験だった。

「旅館甲子園は私にとっては奥津荘で仕事をした縮図のような気がします」と振り返った。

彼女は「奥津荘」に入る前は、和装美容、飲食店フランチャイズの開発、調理師、建設重機オペレーター、介護士などの職業につきながらシングルで子育てをしてきた頑張り屋。

子育ての仕事をほぼ終え、10年勤めた介護の仕事からも引退して、これからは自分の好きな仕事をやってみようと思ってやって来たのが「奥津荘」。

女将から「山本さんらしい接客をしなさい。お客様に最低限必要な、望んでいられるだけの接客でいいから」といわれ、自主的にやる自由さと、距離の取り方の難しさを感じた。

「先輩が社長を交えて飲んだり食べたり、そこで夢を語ったり文句を言ったり怒られたり笑ったりしているうちに、なんだか私にとっては部活のような気になっていました」と述懐しているように山本もいつの間にかこの〝部活〟のリーダー格になってここで働いている意味を感じ取っていった。

今彼女は夢であった鉄板焼きの飲食店を津山で立ち上げ、郷土性たっぷりのおかんの料理を提供している。「奥津荘」の卒業生として鈴木もちょいちょい顔を出している。

岡瑞枝のおもてなし

壇上に立った3人の女性のうちの1人の岡瑞枝。

マルチタスクで仕事をこなしているという発言以外は目立った発言はしなかったが、人前で話す体験がこれまでなかった彼女にとってはそれでも自分の仕事に自信を持つきっかけになった。

声の出し方は先輩の山本知美に教わり、間の取り方は西本良平に指導してもらった。

出場してみて、この旅館甲子園は働くスタッフに焦点があてられた大会であることを知った。

他の旅館の人たちのそれぞれ特徴のある働きを知ることができ、自分の世界が広がっていくのを実感した。またそれによって「奥津荘」における仕事のあり方を確認することができた。

彼女は医療事務の勉強をしたうえで、総合病院に入社し、医療事務の仕事に就いた。が、働く時間が短かった。自分の大切な人生を有効に使いたいと思い、もうひとつの仕事を始めようと思い立ち、奥津荘のアルバイトを始めてみた。

全く知らない世界だったが、ああしろ、こうしろと指図されない自由な雰囲気の中で、先輩や女将、若女将の接客を見ながら学んでいった。お客の望んでいることを言われる前に気づく彼女たちの「かゆいところに手が届く」おもてなしを少しずつ身につけていった。

「お客様から自分あての手紙が届くような力をつけたい」と思い始めた彼女は、もうこの旅館での仕事と自分の人生が同調していくのを感じていた。

「社員になりたいとちょくちょく社長にそれとなく言っていたのですが」男の鈴木はそこのデリケートなニュアンスはつかめなかったのかどうか、「どっちなんだ」とだめを押して彼女を正社員に迎えた。

彼女を信用している両親は旅館で働くことに関しては「足手まといにならないように」としか言わなかったが、旅館甲子園に出場した件に関しては気になっていたらしく、ビデオを何度も見せなさいと催促し、しかたなく見てもらったらとても喜んだそうだ。

最後に私の取材体験談。

取材の場所に指定されたのはある部屋の窓際のテーブル席。そこに案内した彼女は背もたれのない椅子を時計回りに斜めにして「どうぞ」とすすめてくれた。話し合うことを想定して椅子は真正面に向けるのが普通。それをわざわざ斜めにしてくれた。

何気ない仕草だが、私にはきめの細かい心遣いに映った。まず座りやすい状態だ。

さらに取材するときは自然と少し斜めに座って相手に向かうのでこの配置はありがたかった。無論取材される椅子も斜めだ。これは初めての体験だった。

彼女は何気なくやってのけたが新鮮な体験だった。

「相手の思うこと、望むことを事前に汲み上げる」というこの旅館にしっかり根付いている社風がそうさせているのだろう。

「奥津荘」ならではの治癒力を考え続ける鈴木治彦

「奥津荘」に泊まりに来る客は、ここの温泉の治癒力、免疫力をよくわかってわざわざ泊まりに来るお客だ。だからそれだけの心遣いが求められる。

しかしここのお客は自炊を前提としていたような湯治客とは違う。また掘削して湧き出させた温泉を使う普通の温泉宿の客とも違う。そこが難しいところだ。

歴史をひもとくとこの旅館の特殊性が見えてくる。

近くに流れる吉井川の畔に湧き出ていた温泉を地元の人たちは湯治に使っていた。

その効能の高いことを聞きつけた津山藩主の森忠政公が専用の湯場にし、小屋を建て、番人を置いて鍵をかけ、殿様専用にしてしまった。

それが明治に入って「錦泉楼」と名乗り、庶民の使う湯治場とは一線を画していた。

そこが火元で大火に見舞われるのだが、やがて建て直された。その建て直したところに地元出身の政治家犬養毅の勧めで、当時岡山市内で「魚六」という料亭を営んでいた鈴木の曽祖父が「奥津荘」を立ち上げた。昭和2年のことだった。

そのころ奥津では牛市が立ち、牛を売った金で遊ぶ遊興地にもなっていて芸者置屋もあったようだ。鈴木も昭和50年代にもまだ芸者を見かけた記憶があるという。

高度経済成長、バブル経済を周囲に踊らされることなく無事潜り抜けてきた「奥津荘」だったが、有形文化財になっているこの建物の維持は大変金がかかる。毎年1000万円の追加投資が必要になっていた。

いっそのこと大改修をしようと話がまとまり、企画が始まっていた。2004年のことだ。

一方鈴木は学校を出てから福岡の中村調理師製菓専門学校で1年間調理の基礎知識を学ぶ。イタリアンレストランに勤めるが長続きせず、フリーター生活。その間冬はスキーのインストラクターになってアルバイト。

そのスキーの関係でスポーツ用具の「アルペン」に入社し、大型店の立ち上げや教育、売り場主任などをこなして活躍した。旅館の仕事は好きではなかったが、帰郷した折に大改修計画の話を聞き、わがままを言っていられない状況であることを悟った。

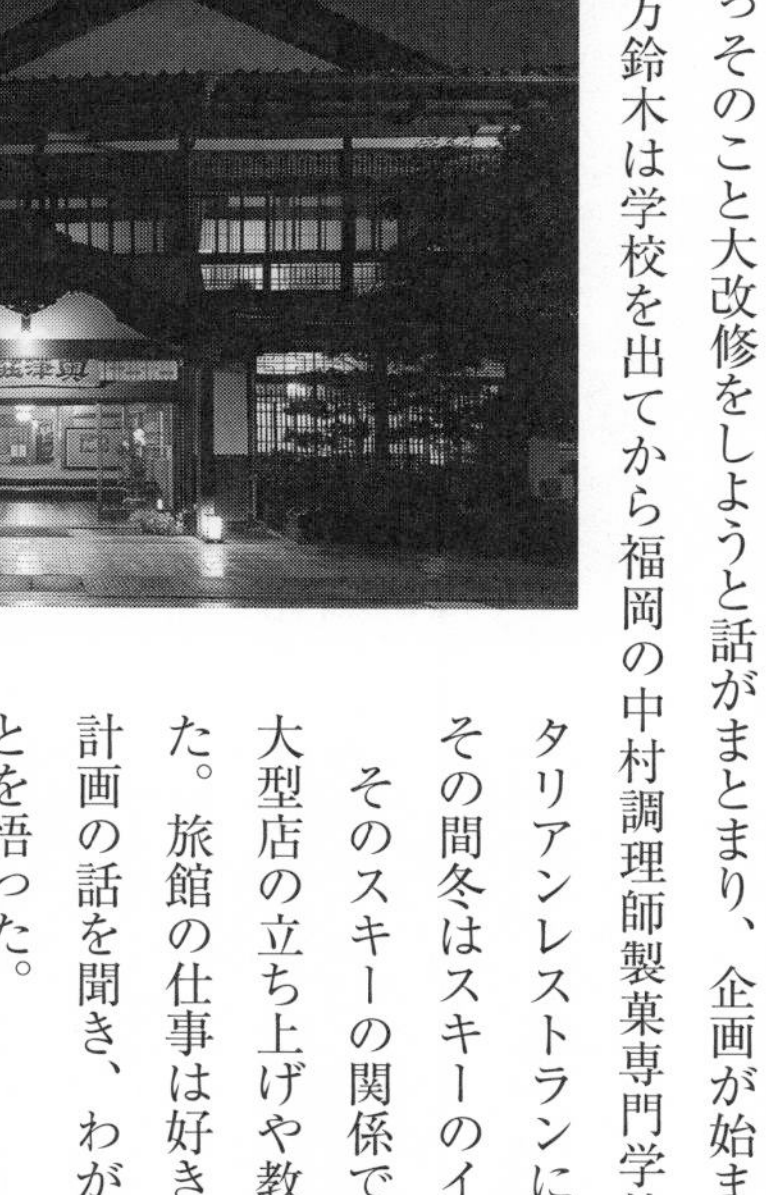
「奥津荘」の外観

大改修に要する費用を返済する計画が、両親の考えている客室料金では早晩頓挫することに気がついた。自分が入社して収支が合う計画を練り直すことにした。

やるからには改修計画は自分の思うようにやらせてもらった。

2階の6部屋を4部屋にしてグレードアップを図った。また全室部屋出しのサービスをやめ、ダイニングでとってもらうことにし、1階の4室をつぶしてダイニングルームにした。

しかし旅館経営は素人同然。両親は勉強のために全旅連青年部に出向させた。それがよかった。全国の青年部の仲間と交流を重ね、勉強に励んだ。

その結果は前述したとおりだが、小さな宿の独特なマネジメントを身につけた。

今鈴木が一番気を遣っていることは、わざわざこの湯宿を訪ねてくる常連客への回答だ。「奇跡の温泉」はコストのかからない大事な資産。しかし現代の顧客はそれだけを求めているのだろうか。欠損したものを回復する、という温泉の役割は身体的なことだけでなく心の問題にも深くかかわってくるのではないか。そう考えると食事や接客を含めたこの宿に泊まるということの中に「体も心も癒される」という回答を用意しなければならないのではないか。

だから食事もそのような回答のひとつでなければならないと考えた。

地のもの、旬のものを使ったここならではの素朴なコース料理が、多いときでは9コースも用意されている。牛肉の郷土料理であるそずり鍋は骨の周りについた肉を削ったものを鍋で食べる郷土料理、3歳未満の雌のイノシシを使った牡丹鍋などもこの旅館の持ち味を表現していて「『奥津荘』に来た」とお客は実感する。

イノシシのスペアリブもパンチのある郷土料理。あぶり焼いた後柴漬けで合わせたもの、塩焼きしたものの2種類あるが野趣に富んでいて奥行きのあるうまさ。間違いなく病みつきになる。これも3年以下の雌のイノシシを使う。

そんな郷土料理に向き合っていると、温泉だけでなく食のところでも郷土の力によって体の芯から癒されていくことをお客は感じ取る。

さらに先述したような接客する人たちの心憎いばかりの何気ない気づかいが相まって泊り客は「癒し」を心の底から満喫していく。

あまみ温泉「南天苑」（第3回大会ファイナリスト）

歴史的建築を活かす「旅館文化」

由緒ある温泉宿のパワフルなプレゼン

第3回大会3番目に登場したあまみ温泉「南天苑」（大阪府）は、日本が誇る建築家辰野金吾の手による由緒ある日本建築の旅館で、国の有形文化財にも登録されている。霊場高野山にいたる旧街道筋に位置していて、大阪府と和歌山県の県境にある。

3千坪の日本庭園を囲む里山の自然も四季折々にその姿を変えて宿泊客を楽しませる。客室数は14と決して大きくはないが、それだけ働く人たちと、お客の距離は近く、ぬくもりのある接客が求められている。

女将の山﨑友起子によって旅館の宝物として紹介された女性2人の話は会場に集まった人たちを納得させるものだった。

最初に登場した坂口有紀美さんは大晦日から3泊4日したお客との接客体験をリアルに語ってくれた。大晦日の初日は、文句をつけられてばかり。置いていなかった料理の献立表を求められ、急遽手書きのものを持っていったが、今度は料理に「何も美味しいものあらへん」と文句をつけられた。同僚にも泣きを入れたが、ここで逃げてはだめと、自分に言い聞かせ、仲間からも背中を押され翌日も笑顔で対応。

するとお客はみるみる変化。元旦の挨拶の時には「よく気がつく人だ」と褒められ、食事も完食してくれた。次の日も同様、上機嫌で過ごしてくれた。

この３日間の体験で学んだことは「逃げてはだめ」ということと、全身で解決しようとしてくれる仲間がいつも後ろに控えているという事実であった。家族のようなあったかい職場が自分を支えてくれていると締めくくった。

山﨑友起子氏

次に紹介されたのは福田美加。外国語を使う職場に入りたいとここに入社した人。

以前、京都で外国人の案内役を買って出たこともある人で、語学力が役立つと思っていた。

しかし実際には職場の先輩たちが、片言の英語と日本語で意思を伝えていることに驚いてしまった。「失礼します」「ディナーＯＫね」「これ天ぷらね」で外国のお客と意思疎通している。

外国人の日本旅館に求めていることは、結局はハートのほうにあることに気が付いた。

また福田は若いお客が増えていることを報告して、「日本文化や伝統を大切にして素敵な時間を過ごす」ことをうれしく思っているとも語っていた。

調理場からは高山悠介が壇上に上がった。

畑違いの業種から料理の世界に飛び込んできた人。ある料理旅館で出された白身魚の煮つけに感動。その繊細な味と美しい盛り付けを見て「人に感動を与えられる仕事がしたい」と畑違いのこの旅館に入ってきた。詳しくは後述するが、ベジタリアンやアレルギーがあるお客にも特別料理をつくって対応している報告も説得力があった。

後半では山﨑一弘社長が登場してスタッフの発言をほめながら、「仕事への想いや情熱を口先だけでなく身体で表してみよう」と、想いを身体的表現で表すことを提案した。

それにこたえてまず登場したのが、ほおかぶりした偲ぶ男と女（女装した男のスタッフ）。その2人が新内節の音色で現れ、突然マンボ5を踊りだした。

これは山﨑が子供時代に障子越しに覗き見ていた「新内節・明烏夢泡雪」とマンボ5を組み合わせたお客たちが展開する宴会芸。宴席のお客に大いに受けたもの。それの再現をして見せた。

「あかん、あかん！　カット、カット！」と山﨑。

この大会で展開するパフォーマンスはお客を抱腹絶倒させた昔の宴会芸ではない、と山﨑は次の提案を迫った。それに代わって登場してきたのがよさこい調河内音頭。

地元の河内の名物音頭をよさこい調にアレンジしたものを全員で踊りだした。社長も加わった。

「仕事への想いや情熱を口先だけでなく身体で表せ」ということをそれは意味していて「息を合わせ、リズムを合わせ、歩みを共にして一丸となってお客様の満足を高めるよう日夜研鑽する」意思を、踊ることによって表現した。

このようなパフォーマンスを隠喩（メタファー）として顧客満足、従業員満足、ワンチームを表すやり方は一般の人には解説がないとなかなか理解しにくいが、これは旅館の人びと特有の表現形態なのかもしれない。

建造物の特異性と山﨑一弘の美意識

この「南天苑」は国の登録有形文化財に指定されている。日本が誇る建築界の巨匠辰野金吾による作品だ。歴史も古く、大正2年、堺市の大浜公園に阪堺軌道（のちに南海電鉄と合併）によって建てられた娯楽保養施設「潮湯」の中の建物のひとつだった。１９３４年の室戸台風で損壊し、翌年現在の場所に移築された。それを大阪市阿倍野の料亭「松虫花壇」が別館として使っていた。

山﨑の父の実家は当時、白浜の温泉旅館を経営していた。父は4男で和歌山県県議会の速記士をしていたが、ある時南海電鉄の人が訪ねてきて、その時は使われていなかったこの「松虫花壇」別館を引き受けないかという話が持ち込まれた。実家が旅館を営んでいたというたったそれだけの理由からの話であった。

終戦間もない昭和24年にその話を受け、父が「南天苑」を開業することになった。戦後の経済復興に伴って旅館経営は順調に推移していき、70年の大阪万博を迎える。全国から大阪に人が集まった。当然のことだが収容力アップのために店内に手を加えていった。一弘がまだ小学生の頃だ。

一弘は大阪商大を出てから大阪社交業界を牽引していた大和実業に入り、ワインバーの部門で大活躍。23歳で最年少タイ記録となる店長に就任。岡田一男社長にもかわいがられた。

7年勤めあげた後、1988年に実家に戻ってきた。

父は高齢になっていた。母は「古いものが残っていてはいけない」と代を一弘に譲った。バブルが崩壊した後の1994年のことだった。一弘34歳の時だ。

昔のように団体客が宴会場で大騒ぎする時代は終わっていた。

この旅館の持っているオンリーワンのモノ、人の価値を売る時代になっていた。

「南天苑」の外観

代替わりして8年目、突然「明治建築研究会」の柴田正己先生が訪ねてきて「この建物は幻の建物かもしれない」と調査依頼に来た。「南天苑」を立ち上げた父親は何のことかわからない。だから70年代にはかってに館内に手を入れ、新建材も使った。

南海電鉄に問い合わせても何も残っていないという。

しかしマスコミが騒ぎ出した。あの有名な辰野金吾の設計かもしれないと大騒ぎになった。

慌てた南海電鉄は資料を探し回り、昭和9年の引き渡し状を見つけた。

歴史的な建造物であることがそうやって実証された。

しかしそれからが大変だ。復元には時間、金、技術が必要だ。古民家の修復を手掛けていた河中工務店（河中隆史社長）が協力してくれ、復元してくれた。

建材も昔よく使われた栂を探し求めて使ってくれた。昔のままの部屋は今では4室だが一弘は昔の姿に戻すを努力を今も続けている。インバウンドのお客が増えてきて、日本人が消去してきた日本建築文化の良さを彼らが支えてくれていることも一弘を勇気づけている。

山﨑一弘氏

一弘は生け花と花瓶に凝っている。30の手習いだがその凝り方は半端ではない。館内に飾られているものはすべて彼のもの。花瓶も収納するところがなくて花瓶の部屋をつくってしまったぐらいだ。生け花がもたらす美は古くから静かに息づく室内空間の中で生気を放ち、今を立ち上がらせる。

一弘は日本が誇る美意識の探求者白洲正子、青山二郎、小林秀雄をこよなく愛し、心のよりどころとしている。美しいもの、人の想いを何らかの形で表現する。そんな志向がどうも大会のプレゼンテーションの踊りのところでも現れていったのかもしれない。

しかしそうはいってもその美意識や想いを実務に落とし、日常的に仕事の中で表現しているのは誤解を恐れずに言うと女将(山﨑友起子)であるようだ。一弘とは中学の同級生。福祉関係の大学を出た後、市役所に勤めていた人でしっかりものだ。一弘の父母が健在の頃は週末に手伝いに来たぐらいであったが、女将になってからは一弘を支え勉強にも精を出す。3カ月に1度の全旅連女性経営者の会には顔を出し、他の旅館の話に耳を傾けそこでの学びを大切にしている。

感動を伝えあう坂口有紀美

壇上で女将に宝物と言われ、難しいお客を接客した3日間の感動物語を語ってくれた人。地元河内長野市の生まれ。接客業が好きだったものの旅館は敷居が高いと躊躇したが、思い切って25歳の時に入社した。ホールの宴会と料理の部屋出しを担当している。

この旅館は全室部屋出しを貫いている。それだけお客と接する時間が多い。河内長野のこと、富田林の野菜のこと、部屋の花や掛け軸のことが質問される。お客の喜ぶ姿で自分も笑顔になり、幸せを感じる。

アメリカやヨーロッパのお客が多いが、片言の英語で答えている。彼らは日本的な建物の一つ一つに感動してくれてうれしくなる。

彼女はあったこと感動したことを大きな声で「みんな聞いてね」と言って仲間に伝えていくタイ

プ。皆聞き取れる範囲のところにいるので細かいことも共有できているという。

そんな社内文化を女将、スタッフ皆が大切にしている。

この旅館では朝礼はやらない。しかしいつもみんな和やかで感動、感謝を共有している。

それは坂口のような何気ない伝達が社風になっているせいなのだろう。

旅館甲子園の体験を彼女は大切にしている。まずもともとなんでもフレンドリーに話し合える職場だが何カ月も一緒に練習してからは一層その関係が深まった。達成感もあって今思い出しても熱いものを感じる。

また今までは「南天苑」しか知らなかったが、他の旅館の話を聞いてそれぞれいろいろな色があり、さまざまな感動があることを知ったことは大きな学びになった。

それに壇上に上がった他の旅館の人たちはみんな仲がいいし、団結していることにも感心した。

またとないいい機会を与えてくれたと会社に感謝している。

配膳で自己表現する荒川仁

新内節で登場した男女の男役。白粉を顔に塗って登場した若者。当時弱冠22歳。

もともと旅館の配膳係が好きでこの世界に入って来たという特異な人。

昔泊まった旅館で配膳に興味を示したのがきっかけ。高卒でいったん就職したお菓子関係の工場を辞めて「南天苑」に飛び込んできた。しかもここに泊まった翌日のチェックアウトの時、女将に就職を申し入れて入ってきた。

ともかく笑顔を絶やさない若者だ、お客の受けもいい。

お客もその笑顔につられて笑顔になってくる。それを見るのが荒川にとって何よりもうれしい。

部屋出しの配膳だからお客との距離が近い。

外国人のお客に対してもその笑顔で接するので、打ち解けていろいろ話しかけてくる。ヒヤリングの勉強をしているようで、今では相手がなにを伝えようとしているのかを聞き取れるまでになった。

仲間同士はともかく仲がいい。フレンドリー過ぎではないかと思うぐらいだという。

大阪府八尾市の出身で40代後半の両親と兄の4人家族の中で育った人だが、家庭環境がぬくもりのあるものだったのだろう。陰がなく、いつもにこにこしている。

外国のお客はおそらくこの建物、室内空間とともに、この若者の笑顔をとても神秘的で日本人のもともと持っていた美質として受けとっているのかもしれない。

自分の居場所を見つけた若大将

山﨑の息子一輝は20代後半でこの「南天苑」に入り、さまざまな業務を学び今はフロントを担当している。常務の肩書を持っているが仲のいい仲間に入ってチームの1人となって頑張っている。

引きこもり、不登校を繰り返し、中学卒で社会に出ている。16歳でバイクの免許を取って遊びまわったが、親に迷惑をかけることはなかった。20代の時に初めてまともに仕事に就いたのが、堺の中百舌鳥にあった居酒屋。浜焼きの100席もある大型店でアルバイトを使いながら店長と社員の一輝2人で切り回していた。その店長はいろいろなことを丁寧に教えてくれた。彼のことは尊敬していて今でも感謝している。初めて自分のいる場所を見つけた時であった。

ある時、その店の役員が来て、梅田の店のほうに移動してくれと言われた。

一輝はその店長と離れたくなかったし、当時付き合っていて後結婚する彼女とも離れるのが嫌だったのでその話を断り、その店を後にした。

大型免許を取り、実家に戻った時にはバスでの送迎を手伝うつもりでもいた。

20代後半の時に親に戻ってくるべきかどうか相談したが、どちらでもいいよと言われ自分の決断を迫られた。家庭を持ったことだし、今がチャンスだと思い、「南天苑」に入社した。

館内の空気は彼を歓迎した。仲の良いスタッフの中にいつの間にか交わっていた。

学校でもレールに乗ることを辞めてしまい、居酒屋の仕事も途中下車してしまった。しかしここでは仲間として受け入れてくれるチームが彼を待っていた。父親も母親もここではチームの一員だ。

そんな社風に彼はどんどん染まっていった。

旅館甲子園はさらに彼の居場所を確認させていく契機になった。

繰り返された練習の間で皆が同じ方向に向いて一体化していくことを実感し、その中に自分がいることに深い喜びを感じた。

好きな料理の道をひた走る高山悠介

大会壇上で堂々調理場を代表して報告した若い調理人だ。今は3番手だが将来に期待がもたれている。素直なのがいい。調理長が丁寧に優しく教えてくれる職場環境にも恵まれている。

高卒でシャープに入りソーラーパネルの仕事をしていたが、家族で行ったときに体験した旅館料理に感動して、シャープが経営不振に陥っていた時に転職を決意し、「南天苑」にやって来た。

両親には料理人なんかにはなれないだろうと反対されたが決意は固かった。

ちょうど調理場で人の入れ替えがあった時なのでタイミングがよく、基礎からよく教えてもらった。他業種からの転入なので変な癖を持っていなかったのがかえって良かった。

会席料理で大切にされる、温かいものは温かく、冷たいものは冷たく、のタイミングの取り方も身につけたし、地元の食材を使った料理、例えば繊維が細かい田辺大根のふろふきや河内鴨の料理なども手掛けるようになっていった。

2019年9月に「南天苑」の持つ古民家「九右衛門」で行なわれたフランス料理の馬殿周二講師を呼んでのイベント、フランス料理と茶懐石のフュージョンの場ではデザートを手伝う機会をもらい、デザートの何たるかを学ばせてもらった。新鮮で刺激的な体験だった。

調理長からは斬新で面白いから今後はおまえが担当しろと言われ、高山は大きく前進をした。

今ではおつくりの盛り付け、酢の物、あえ物などもやらせてもらい料理の深いところに導いてもらっている。

ここの調理場は風通しがいい。調理長のおかげだと思っている。「内も外もないぞ」と言われていて、フロント、配膳の仲間とのコミュニケーションはフラットな状態だ。

旅館甲子園には調理場では自分だけ出させてもらったが、またとない体験をさせてもらった。

いつもはコミュニケーションがうまく取れなかった調理場の外の仲間とも一緒に練習を重ね、一緒の舞台に立ち、一緒に達成感を味わったことは、旅館の仲間がひとつになった体験だし、自分はその中のひとりであることに気づかされた。

もう一度あの壇上に上がってみたいものですと、締めくくってくれた。

私は坂口有紀美、荒川仁、山﨑一輝、高山悠介の「共に学び共に成長する」ことの喜びを、旅館甲子園によって体感した話を聞きながら、大会実行委員になり替わって盛んにもう一度挑戦しろと説得していることに気がつき自分で驚いた。旅館甲子園はそのような種を全国にまいているということなのだろう。

城崎温泉「小宿　縁」（第3回大会ファイナリスト）

「但馬牛」を前面に出したオーベルジュで地域も活性化

1300年の歴史を誇る兵庫県の城崎温泉は、情緒あふれる昔の風情を今に残す日本有数の温泉地だ。

150年の老舗旅館「三国屋」が新たに挑戦した京町家風オーベルジュが「但馬牛の宿・小宿縁」である。

城崎温泉に現れたオーベルジュ

「三国屋」近くの旅館が廃業した2011年、専務の田岡聖司は父親に城崎温泉を元気にする新しいタイプの旅館をやってみないかと打診された。

廃業した旅館の再構成とは言え、田岡にとっては起業と同じだった。不安が先に立った。

しかしこの温泉街で育てられた旅館の息子として、この街を元気にするという使命が自分のネガティブな考えを変えた。

どうせやるなら他に例を見ない突き抜けたことをやろうと考え「但馬牛の宿」という、食材を前面に押し出したオーベルジュスタイルの宿を発想していった。

城崎温泉を訪れる客は、最盛期100万人だったものが、2011年には50万人に半減していた。マーケットが縮小しているときにこの試みは勇気が必要だった。

しかし田岡は逆にそのように特化したスタイルをつくらないとマーケットは刺激を失って委縮していくばかりだと判断した。

「小宿　縁」の外観

そうやってこの「小宿　縁」は2013年9月にオープンした。
1階が20席のカフェ&バー「3rd」、2階が但馬牛のレストラン「いろりダイニング三国」で3階以上に客室11室を設けた。
但馬牛にフォーカスした理由は、マーケティング感覚が鋭い田岡らしい。
城崎温泉のオンシーズンは松葉ガニが美味な時期と夏休みで年間の約半分。他のシーズンは静かな温泉街になる。しかしここには松葉ガニに並ぶ、全国というより世界に誇れる但馬牛がある。

日本の黒毛和牛の99・9％はこの但馬牛の血統のものだ。

兵庫県内でもあまり認知されていない但馬牛をブランド化すれば、オフシーズンでも全国からグルメ派旅行客がこの城崎温泉を訪れてくれるはずと田岡は考えた。

県内で最高の質のものを出荷することで知られる「上田畜産」からプレミア但馬牛「但馬玄《たじまぐろ》」のA5等級を中心に仕入れ、そのブランドの質の高さを訴えていった。

オープン当初は普通の宿泊客には馴染みにくかったのか、苦戦した。在庫を抱え、スタッフ間の口論、人手不足などで苦悩の日々が続いたという。

しかし2016年にはミシュランガイドに載り、日本の小宿10選では審査員特別賞をとり、3年半たった2017年には手ごたえを感じるまでになった。

売る食材にこだわった宿ゆえに、生産者の想いが大切に感じられ、さらには立ち上げ時の苦しさの体験を通して地域に生かされていることを実感してきた。

その想いを田岡は働くスタッフと共有して生産現場を訪ね、街の細部を探訪するよう努めてきた。

映像による説明のところでは、地元の小売店、居酒屋、鮮魚店、和菓子店などの主がインタビューに答えて、地域一体となって城崎温泉を元気づけているところが紹介されたが、それは田岡の「三国屋」時代から培われた、地域あっての宿であるとの想いからであった。「地域プロデュースの達人」を経営ビジョンとして掲げているのも、そのような意味からであるようだ。

また手ごたえを感じ始める過程で痛感してきたことは「宿は人なり」の言葉の意味であった。スタッフの存在がお客の素晴らしい思い出作りを紡いでいくこと。そのためにはスタッフは接客マナーのレベルから一歩踏み込んで、お客との距離を縮めるおもてなしを展開していかなくてはならないと痛感し、そのハードルを一歩一歩クリアしていった。

田岡が言うお客との距離を縮めるということは、お客の求めることを素早く察知し、コミュニケーションを豊かなものにする能動的な活動のこと。

そのためには毎朝行なう朝礼、毎月のミーティング、たまに行なわれる田岡を交えた飲み会で、接遇の力、チームワークの力を養ってきた。

朝礼には1分間スピーチを続けていて、表現力を高めるだけでなくスタッフ同士の関係性を強める効果を創り出していった。

自分はひとりではなくみんなの中の自分だと感じながら一体感が創り出され、それが接遇の力を培養していることに田岡は気がついていった。

地域を強調するスタッフのスピーチ

田岡を支える若いスタッフたちのスピーチは田岡の日ごろの想いが伝わっていて、地域への貢献、生産者へのリスペクトを大切にすることが熱っぽく語られていった。

まず旅館の概要を説明してくれた田岡文恵の話は、全体のイメージをよく伝えていてわかりやすかった。
「いろりダイニング三国」のマネジャー古西浩之は、もともと飲食店で働いていた人で、美味な料理を提供することのみを自分の使命としてきたが、この会社に入ってその考えは変わった。食を通して生産者、地域の想いを伝えること、食材一つ一つにどんな物語があるかを伝えることが自分の使命だと考えるようになった。それは同時に古西がこの店で働く意味を明らかにしていくことでもあった。

フロントスタッフの松岡克哉の話も素直な語り口が印象的だった。

立ち上げからかかわるのだが、右も左もわからなかった状態から出発した。お客から教わることも多かった。しかし最近ではお客の求める過ごし方がわかるようになり、あわただしい日常を送っていた大人がここではゆったりくつろぐことを望んでいること、大人のくつろぎの意味が理解できるようになった、と語っていた。

1階のカフェ＆バーのマネジャー谷垣悠は、店名の「３ｒｄ」の意味を第三の場所と説明し、職場とも、家庭とも異なった自分を取り戻すくつろぎの場と定義し、宿泊施設の朝食をここで受け持つので、体に優しい手作りの食事を提供するように心がけていることも報告していった。

ここは昼がカフェ、夜はバーになり、宿泊客だけでなく、城崎温泉街を遊歩する人々に開かれた空間であることを強調していた。

ホールスタッフの松村拓聡は英会話教室に通い、英語がだんだんわかるようになると自分の世界が広くなっていくのを実感した。インバウンド客と接する機会が多いこの職場では、この言語コミュニケーションを通して自分が進化していることを感じた。

やはりホールスタッフの田野真理は地域の情報、但馬牛生産者の情報をお客に伝え、ファンをより多く創り出すことに自分の役割があるとスピーチしていった。

エンディングスピーチを行なった田岡はインバウンドの増加（5年前の40倍の4万人）もあって50万人にまで減った城崎温泉への観光客は2017年現在65万人にまでもどしている事実。客室稼働率は良い月は90％にまでなっていて軌道に乗ってきたことを語り、宿は地域の恩恵を受けて成り立ち、宿から逆に地域を元気にする役割を強調していった。

オーベルジュ的旅館の意味

田岡のこの「小宿　縁」のコンセプトは宿泊のできるレストラン。すなわちオーベルジュだ。レストランに主語が置かれている。

しかし「いろりダイニング三国」にやってくる宿泊客は浴衣でやってくる。彼らの意識は美味な名但馬牛が食べられるダイニングがある旅館だと思う。主語はあくまで旅館。

そこのところは新潟県松之山温泉の「玉城屋」（83頁参照）と類似している。

「玉城屋」も「酒の宿」と酒を前面に押し出してこの宿のオンリーワンを主張している。

料理は地元の食材を使ったフレンチ。日本酒やワインはその料理に合わせたものが揃えられ、ギャルソンにもなりソムリエにもなり、唎き酒師にもなって山岸自ら客席を回る。ロブションの流れをくむ調理長栗山と山岸が繰り広げるオーベルジュの世界だ。

しかしそこでもお客はみな浴衣姿。オーベルジュのような緊張感はない。湯上りの上気し、満足した顔でフレンチと酒に向き合っている。

この「囲炉裏ダイニング三国」のお客も同様で、彼らがこの宿に泊まる楽しみの中でもっとも期待が膨らむドラマとして但馬牛の料理がある。

今旅館業は成熟しきった時代。時代に対応できないところはどんどん振り落とされる。

しかしこの業界は衰退期にあるのではなく再生期である。古い殻を懸命に脱ぎ棄てようとしているとき。従ってしなやかで緻密なマーケティング感覚が成功を左右していく。

料理や酒に特化してその旅館のアイデンティティを打ち出して行く試みは、小規模な旅館ほどブランディングがしやすく効果的と言える。

とはいっても「泊まる、を売る」という旅館の本質は変わらない。そのことはお客の浴衣姿が教えてくれる。外部から正装して来店してくるお客と混じりあっても違和感を持たない。

実際、泊り客でもダイニングに入るときは浴衣を嫌い正装してくるお客も結構多い。

浴衣姿でフレンチや、但馬牛を前にするお客の消費シーンはカジュアルで、緊張感はない。カジュアルなのだがとても心はリッチ。そこら辺のポジショニングの押さえが大切だ。

気をつけなければならないのは外部から来店したお客のこと。彼らはカジュアルリッチを楽しむ浴衣姿の泊り客と緊張感のポジショニングがずれる。空間を分割するのが優しい心づかいになる。

それにしても「山城屋」にしても「小宿　縁」にしても、彼らの提案はこれからの小規模旅館の進むべき道のひとつを示唆する試みであることは間違いない。

田岡聖司の想像力

「但馬牛の宿」に見られるしなやかで大胆な田岡の発想は、若いときに培われた豊かな想像力がもたらしたものと考えられる。

老舗旅館「三国屋」を経営する父親の存在も大きい。

「私に何でも挑戦させてくれる人」と田岡をしてそう言わしめた父親は、自分も息子同様東京東久留米の全寮制の自由学園で10年過ごしている。父方の祖母が「婦人之友」の読者で、系列の自由学園の存在を知り、そこに父親を預けた。

創業者羽仁もと子、吉一ご夫妻の唱える自労自治の生活を大切にする校風で育まれた父親は、この10年間の経験を息子に追体験させ、主体的に物事を考え実行する力をつけることを期待し、田岡はその期待に応えていった。

田岡は卒業後新宿のホテルで営業を4年続け、有馬温泉の最古の旅館で内外にその名が知れる「陶泉御所坊」で一年間修業。その後はイギリス・ロンドンで親戚が経営するレストラン「菊レストラン」で1年間のお手伝い。そうやって28歳の時に帰国し、父親の経営する「三国屋」でフロン

田岡聖司氏

ト、予約業務の部署で活躍していった。卒業後の5年間の修業は、これからの旅館のマネジメントに必要なものばかりで無駄がない。
そんな体験を積んだ息子に、旅館業界の成熟したマーケットに新風を起こさせようと、次のステージを用意した父親の覚悟が凄い。またその父親の想いを受けて主体的に己のステージを「但馬牛の宿」として世に問うことにした田岡の想像力は、確かに城崎温泉に新しい風を吹き込んだ。

この田岡の想像力はソフト面を充実させながら進んでいることも見逃せない。

働く人を輝かせる環境づくりがそれだ。

そのために毎朝行なわれる朝礼を重視している。宿泊、ダイニング、カフェ&バーという異なった部署のスタッフの情報、想いをひとつにするためのもので、毎月行なわれるミーティングとともに、働く人たちの「共に学び共に成長する」場として意識的につくり出している。

一人一人とコミュニケーションを密にして彼らの表情をしっかり見るようにしている。

旅館甲子園に挑戦してみて

旅館甲子園に出場してみて「これまでも能動的に動く、ということが働くスタッフたちに求めていた課題でしたが、出場してからその課題がより一層クリアされてきたと実感しています」と田岡は振り返った。

お客との会話に自信が持てるようになったスタッフ、食材の生産地、生産者を自主的に調べるようになったスタッフ。旅館甲子園の準備と壇上での体験を通して皆がひとつの方向に向いた結果だ。また田岡を喜ばせたのは「どうしましょうか」ではなく「こうしようと思います！」と自分の意見が言えるようになったスタッフが増えたこと。

自主性、能動性は個から出発するのではなく、他者との関係性の中で、仲間との関係性の中で培われていくものであることをこの旅館甲子園は教えてくれる。

四万温泉「柏屋旅館」（第4回ファイナリスト）

社員が輝き元気な旅館になるための「化学変化」

柏原社長の自信と不安

群馬大学工学部で電子工学を専攻した柏原益夫は、卒業後日産自動車系の部品メーカーに15年勤めた後、38歳の年に実家の四万温泉にもどり家業の旅館を継いだ。

中小規模の旅館が軒を連ねる群馬県の四万温泉は、ひなびた落ち着きのある温泉街として昔からその名を知られていた。しかし全国の温泉街がみなそうであるように、そこを訪れる観光客は年々減少し続けていた。

益夫が戻った「柏屋旅館」は両親が経営する、老人会のお客中心の小規模な旅館だった。

しかし、温泉街入り口近くにあるこの旅館を取り囲む自然環境は抜群であった。小高い山が目の前に迫り、そばを流れる四万川は四万ブルーといわれる独特な色彩を放って宿泊客の目を楽しませてくれる。

時代の変化を先取りする能力を身につけてきた益夫は、１９９９年より数次にわたり、女性客に好まれる和を基調としたクラシックモダンな雰囲気に館内を改装した。それも小規模旅館ならではの落ち着きのあるシンプルな装いに徹したものだった。

その感覚は料理や接客にも生かされ、一過的な感動よりも、しみじみとした余韻を楽しませる抑制のきいたリピーター好みのものであった。

いち早くＩＴ化に取り組んでいた益夫は、その創り出された独特なテイストを日本全国に発信していった。その結果、若い女性客や若い家族客が確実に増えていった。

「柏屋旅館」の外観

これからはインバウンドも取り込まなくてはならない時代と判断した益夫は２０１０年あたりからインバウンド対策に乗り出した。
山深い温泉地の四万温泉地にやってくるインバウンド客は１、２％であるが、この柏屋では何と

15％近くと極端に高い。

また地方からネットで「柏屋旅館」にたどり着き、そこを就職先に選んでわざわざ面接にやってくる若者もいる。金子悟士、金子結希の若い夫婦はネットで別々にたどり着き、この旅館で知り合い結婚して今も第一線で働いている。

そんな成果を積み重ねてきた益夫は旅館のマネジメントについても自信を持っていた。

顧客管理も財務管理もさらには小規模な旅館に不可欠な設備管理にも精通していて、自分は誰よりも優れていると自負していた。経営者はそうであらねばならないと信じていたし、その信じていたものをトップダウンで指示していけば社員は黙ってついてくるものと思っていた。

しかし唯一彼を悩ましていることがあった。それは3、4年手塩にかけて育てた社員が伸び悩み、やがてここから去っていくということが繰り返されていたことだ。

そんな時に旅館甲子園のことを知り、さっそく東京ビッグサイトまで見に行くことにした。「すごいことを始めたなあ」という印象を受けたが、あくまで第三者的な見方であった。

2年後の第2回大会は、そのような受け止め方だったから見に行くこともしなかった。

ただ交流のあった伊香保温泉の「松本楼」（150頁参照）がファイナリストとして出場したことも、近くの渋温泉の「さかえや」（65頁参照）がグランプリをとったという情報も気にかかった。

特に「松本楼」の若女将の由起さんとは連泊プランで2年間もお世話になった仲。

連泊プランとは四万温泉の「柏屋旅館」と伊香保温泉の「ぴのん」を連泊する客が結構多かった

事実に目をつけ、草津や水上の同業者を含めて連泊をパッケージにして売り込もうとしたプロジェクト。2年で終わってしまったが、益夫は由起のひたむきな営業姿勢に一目置いていた。

入社16年で支配人として社員のリーダーになっていた本菅重行は、柏原社長の右腕として社長の指示を忠実に実行していくことを最善としていた。社員が自分の顔色を見ながら仕事していることを当然と思っていた。その結果、若い部下たちの心が彼から離れていった。

そんな彼にはマンネリ化、おごりが目立ち始め、物事に挑戦する意欲も失っていた。やがて益夫の考えよりも自分の考えを優先してことを進めだした。辞めることも脳をよぎっていく毎日であった。

「さかえや」との交流

このままではいけないと思った益夫は、本菅のネガティブな態度はマンネリ化が原因であろうと判断して、彼に他の旅館の経験を積ませようと考えた。長く自分を支え続けてくれた功労者ともいうべき人材のスランプである。益夫も必死だった。

そこで今では自分の先を悠然と走る松本楼の松本由起に相談した。

その答えは「『さかえや』というすごい旅館があるから、そこにいってみたら」ということであった。さっそく社長の湯本に連絡を取った。

何と湯本は、自分の窮地を救ってくれたコンサルタントの方とともにわざわざ訪ねてきてくれ相談に乗ってくれた。

　２０１６年2月ごろから「さかえや」との交流が始まっていった。「さかえや」で行なわれていた「リーダー研修」や「人材教育セミナー」に本菅や原田を出席させた。その年の初夏には社員旅行で「さかえや」を訪ね、柏屋の社員が初めて「さかえや」のスタッフと触れ合った。

　が、予想外のことが起こった。一番手に負えない調理長の坂本がどのように「さかえや」を受け止めていくか、益夫は思い切って見学に行かせた。２０１７年2月のことだった。ほんとうに化学反応が起こるかどうか、もちろん益夫は半信半疑であった。ところが、それが起こってしまったのだ。

　坂本が「さかえや」にやって来た時、ちょうど第3回旅館甲子園に出場するための練習をしている場面と出会った。そこではただ一生懸命というだけでなく仲間の存在、チームワークのことなどが熱く語られていた。いつも独りよがりで、仲間の存在を無視し続けた自分の存在がどんどん否定されていく。そのうち自分で不思議なぐらい自分の内部で化学変化が起こり始めた。「俺は何という小さな存在なのだ。仲間があっての自分であることに全く気付いていなかった」。坂本は体を震わせながらおのれの自己否定に向かっていった。

　肝心の本菅は、「さかえや」の研修にも顔を出してはみたものの、また益夫からリーダーとして会社を良くしようという姿勢にかけているのではという指摘を何度も受けてみたものの、いったん委縮してしまった挑戦の意欲はなかなか戻ってこなかった。そんな自分に嫌気がさしてもいた。そんな時、彼に転機が訪れた。

社内研修に若い社員たちが合格していくのを横目で見ながら彼は内心あせっていた。逃げたい自分と変わりたい自分の間で身動きが取れなくなっていた。

しかし若い社員たちはそんな自分を一生懸命支えてくれて合格がかなった。合格してみると社員との間に仲間意識が芽生え、同時に「できないことがあってもいいのだ」と気づかされた。そこから彼はがらりと変わった。組織感覚がフラットになった。若い仲間と共に学び、ともに成長していくことの意味を発見した。

感受性の強い本菅はその気持ちを、今までさんざん心配をかけた、骨折で入院中の益夫に電話で知らせた。「今までの自分は間違っていた。これからやり直したい。申し訳なかった」と益夫が困惑するほど号泣しながら謝罪した。

第4回大会への挑戦

2017年から2018年春までの間、組織はいい状態ではなかった。

若い料理人2人、接客係2人が相次いで辞めていった。社内の空気もどんよりとしていた。

そんな時に本菅が変貌して帰ってきた。今度はチームのリーダーとしてその空気を一新しようと立ち上がった。

本菅は坂本を伴って益夫に第４回旅館甲子園出場を申しいれた。

益夫も「さかえや」や「松本楼」との交流を通して、まだ確信にまでは至らなかったが旅館甲子園によって変われるなら変わっていきたいと思い始めていた。

よし、彼らにかけてみようと第４回大会出場を決意した。

さっそくエントリーフォームを取り寄せ、「さかえや」の第３回大会の時に提出した書類を参考にさせてもらいながら、書き込んでいくうちに「俺たちはそのレベルにあるのだろうか」という不安に益夫は襲われていった。

しかし、10月の青年部の大会でファイナリストに選ばれることになった。

坂本や本菅の本気度はますます強くなり、他の社員を巻き込んでいった。

坂本は調理場の仕事があってなかなか中心にいられないこともあって、本菅は右腕として、４年７カ月のホールリーダー原田晃宏を選んだ。

原田は上司が急に辞め、その役を引き受けたばかり。仕事はできるが、部下にも取引業者にも上から目線で接する傾向が強かった。その結果スタッフの気持ちがひとつにまとまらず、各々が違う方向を向いていて彼もイラついていた。第３回大会もＤＶＤで見たが「仕事もしないで、上からやらされ大変だろうな」というように斜に構えて見やっただけだった。それを自分が当事者になってやるとは思ってもみなかった。

しかし尊敬する本菅の「一緒にやろう」という誘いもあったし、これまでひとつのことに夢中に取り組むことがなかった自分に挑戦したい気持ちが芽生え始めていた時だった。

原田は「それで皆がひとつになれれば」と思い、本菅の申し入れを受けた。

だが2人の本気度は空回りし始めた、他の社員が乗ってくれないのである。

「自分たちの日常の仕事を舞台で表現なんかできないよ。作り事ではないの」という意見もあった。「作り事」という指摘には反論は難しい。

壇上でのプレゼンテーションは、日常の仕事の価値、仲間とのチームワークの価値を、抽象化して舞台上で表現していくわけだから、「作り事」といえないことはない。しかしこの「作り事」を対象化という意味でとらえればわかりやすい。対象化しなければおのれの価値は認識できにくい。対象化した時はじめて自分が、またチームのことがわかるし、他の旅館で働く人にもその意味、熱量が伝わりみんなの学びとなっていく。

これはやってみて実感しないとわかりにくい論理だ。

本菅と原田は反応の鈍さにほとほと困り果て、ある行動に出ることにした。

それは学びに行った「さかえや」の湯本社長が、数年前組織が崩壊し経営の危機に立たされた時、自ら階段の清掃を一心不乱に行ない、立て直しの第一歩を歩み始めたことを見習うことだった。

それを見た社員が協力しはじめ、心がひとつになっていったという話を思い出した。2人の本気度を何とか知ってもらおうと、今まで放置されていた古倉庫の掃除を始めることにした。

そこから出されたごみの量は半端ではなかった。軽トラックで10往復ぐらいかかり、その量は1

トン程度あった。

そんな2人に皆が協力をし始めた。大会準備にもそれが反映していった。

少しずつ話に乗るようになっていった。2人で台本を考えているときでも積極的に意見をさしはさむようになっていった。

簡易リハーサルの奇跡

しばらくたってから初めて壇上に上がる人たち全員の読み合わせがあった。

この簡易リハーサルは2人にとって信じられない事態を創り出した。

初めての読み合わせなので、ともかく一度はやっておかなければといった軽い気持ちだった。

しかし読み合わせが始まるやすごい集中力でそれは進み、雑談は一切なくなり、意見がどんどん出されていった。みんなの顔色も変わっていった。仲間の話を聞きながら、今自分はこの仲間と一緒にいるのだという意識が作られはじめ、心がひとつになっていった。

入社15年の中島梢(こずえ)は業務を何でもこなしてきたベテラン。簡易リハーサルでは聞き役に回っていたが、何かと本菅をサポートし、ベテランと若い社員との間のコミュニケーションが円滑に進むよう地味な役回りに徹していた。本番ではネパールからやってきてすっかり日本の着物も板についてきたザヌカさんと生け花の実演をやってのけた。

若い金子悟士、金子結希夫婦も、はじめは意味がよくつかめなかった。会社のPRをするところに出るのかな、程度にしか思わなかった。大きな舞台に立つのも不安だった。簡易リハーサルの異様な雰囲気にも圧倒された。

しかし何度かの練習に加わるうちに、これは考えていたのとは違うなと思いだした。人とのつながりを重視するプレゼンテーションなのだと思うようになっていった。

今年34歳になる日夏健介の変化も目覚ましいものがあった。

この話が出たときは「なんで仕事がある中でこのようなことをやらなければならないのだろう」と考え、ネガティブな態度を取り続けていた。そうでなくても彼は普段でも一人で生きていくつもりで物事に真剣に向き合うことがなかった。

日夏の過去が彼をそのような態度をとらせていた。東京工芸大学を卒業した彼はある印刷会社に勤め、ＤＴＰオペレーションを6年も続けていた。しかし自分の居場所に納得がいかず、このままでいいのだろうかと悩んでいた。思い切って海外に飛んだ。フィリピンやオーストラリアを3年ぐらい放浪した。帰国してから海外放浪の体験を生かし自分の納得のいく居場所を求めていった。田舎がよかった。都会の生活には参っていた。またできればせっかく身につけた語学が生かせる場所があったらとも思った。住み込みで働けるところも必要条件だった。

条件に合うところを探し、意外に早く「柏屋旅館」と出会うことができた。

接客業は嫌いではなかったが、それはあくまで生活のための仕事という意識しかなかった。

簡易リハーサルの段階でも参加はしたけれどどちらかというと消極的であった。

しかしリハーサルが進んでいくうち自分の中で変化が表れていった。何かをともにやり遂げようとするみんなの気持ちが伝わってきた。自分もその中に含まれていることに救われていく自分を感じ始めていた。本番を迎えたときも達成感と、皆がひとつになれた感動で自分も泣いた。

今では仕事にも仲間へのかかわり方も真剣に向き合うようになってきた。お客へのかかわり方にも明らかに変化が見られた。

リーダーのあり方が変わる

「やらしてみたら本当にできちゃった」が益夫の本音だっただろう。

第４回大会の壇上で、最後に本菅や坂本に泣きながら抱きついたのもとても自然だった。

それまでは自分が一番優れている存在で、自分の方針は絶対正しいと信じていた。

だから社員の意見はことごとく否定していった。

それが旅館甲子園のファイナリストに決定してから、任せた本菅がリーダーになって自分たちでこの大舞台で堂々とプレゼンテーションをやり遂げたではないか。

益夫は彼らによって変えられたことを自覚していった。

「今まで、彼らの提案し実行する機会、成長していく機会を自分は奪ってしまっていたのではないか」壇上で彼らに抱きつきながらそのことを謝罪していた益夫のすがたは尊い。

「２０１５年から２０１８年初頭までは、空回りという感じ、動けば動くほど深みにはまる底なし沼の感じがしていました。自分が何かやろうとアクションを起こすたびに、逆にスタッフが引いていくという状態でした。だから何かをやることに臆病になっていました」と述懐する益夫の苦しい時代は、この旅館甲子園によって終わりを告げた。明らかにトップダウンスタイルに終止符が打たれた瞬間だった。

「あの大会があってからはスタッフに相談することが多くなりましたね。どう思うか尋ねるようにもなりました」。どんどん権力は下に下がり、チームワークの様相を呈し始めた。

旅館甲子園によってスタッフの顔色が一段と輝きを増していった。

柏原益夫氏

「柏屋旅館」の場合は倒産の危機や、組織解体の危機に直面して、その再生のためのきっかけとして旅館甲子園に出ようとしたわけではない。

社員が輝く元気な旅館にするにはどうしたらいいか、という視点から出発している。

柏原益夫は「さかえや」や「松本楼」を通してその事実に

気づかされた。

旅館の再生をハード面や計数管理面から語られる例が多いが、旅館甲子園の意味はそれも大事だがそこで働く社員の輝きを最も重視し、旅館再生の道は最終的にはそこにある、ということを益夫は身をもって学んでいった。

なお、世界最大級の旅行口コミサイト「トリップアドバイザー」のアワード「トラベラーズチョイスオブベスト２０２０」の日本旅館部門において第7位に入選。２０１８、２０１９年に続き3年連続受賞。２０１３、２０１４年と合わせて5回目の受賞したことを書き添えておきたい。

大胆な若女将も並走する――虹会

第4回大会の後半の幕間に6人の若女将の歌と踊りが披露されて会場を沸かせた。

はじめに登場して旅館甲子園テーマソング「笑顔のかけら」を歌いだしたのは、この曲の作詞作曲を手掛けた埼玉県名栗温泉「**大松閣**」の若女将柏木由香さん。着物姿でポップに歌いだすと、後から5人のこれもあでやかな着物姿の若女将が現れ、日本舞踊の様式美をまといながらアップテンポの踊りで歌詞と曲に合わせて群舞を繰り広げた。

プロ現役ミュージカル女優の桑原麻希の振り付け指導、福山真由美の日舞指導があったとはいえ、練習する時間が十分あったわけではない。若干不揃いな表現がかえって若女将の一生懸命さがむき出しにされて好感が持てた。

虹会の名前の由来は、二次会が一番楽しい、という本音から発想されている。形式が重視される〝一次会〟では己が自由に表現できない。女性同士がむき出しに表現しあって本気で共に成長したい。だから二次会が大事なのだという仲間が集まった。しかも一人一人は、環境も違えば個性も違う。色が違う。それぞれの魅力を活かし架け橋をつくろう。ということで、二次会は虹会と表現。本音で語り合いながら共に学び、共に成長して、鮮やかな虹の架け橋をつくって、同志を集っていこう。

２０１７年２月７日、そうやってこの会は柏木由香を会長に据えて発足した。それぞれの旅館に集って、勉強会や二次会をしながら会の結束を固めていった。

柏木はもともとミュージカル女優やシンガーソングライターという表現の世界にいた人。２０１９年の旅館甲子園第４回大会において、ダンスで大会を盛り上げようと大胆な提案をして皆の賛同を得た。

初めての試み。みんな不安があった。しかしそこは旅館でおもてなしの先頭に立ち、従業員を束ねてきた人たち。表現への意欲が違う。ステージに立って堂々と踊って見せた。

その年の7月1日。新宿の京王プラザで催された「第30回全国女将サミット２０１９東京」でも、旅館甲子園の舞台を見たある女将の推薦でその踊りを披露している。

このサミットに集う女将は、熟年の大女将が多い。そこに次代を背負う若女将が、着物姿でポップスを踊るという若いものならではの粋なパフォーマンス。

今後もいろいろなことにチャレンジして旅館業界を盛り上げたいと鼻息は荒い。

虹会のコンセプトは、今日までの女将は裏舞台で底力を発揮してきたが、次世代の若女将はそこで培われた旅館文化がどんなに地域や、日本を元気にするものであるか、魅力的で価値のあるものであるかを表舞台でも積極的に表現しようというもの。旅館業がどんなに楽しく、チャレンジし甲斐がある世界であるかをアッピールし、旅館業を人気ナンバーワンのポジションに押し上げていくことを使命としているということだ。
　メンバーは以下の６人。
柏木由香（埼玉県名栗温泉「大松閣」）
原　華織（宮城県青根温泉「山景の宿・流辿」）
佐藤奈美（山形県かみのやま温泉「日本の宿・古窯」）
畠　暁子（福島県奥飯坂穴原温泉「匠のこころ・吉川屋」）
長島悦子（群馬県猿ヶ京温泉「ル・ヴァンベール湖郷」）
田村ひとみ（群馬県四万温泉「時わすれの宿・佳元旅館」）

「笑顔のかけら～旅館甲子園テーマソング～」

作詞　柏木由香
作曲　柏木由香

1．自分が好きになれなくて
言い訳ばかり並べていた
何をやってもやらされてる感じで
作り笑いでやり過ごした
でもあなたは
こんな自分に
まっすぐな目で言ってくれた
「大丈夫　あなたなら出来る」
ありのままの自分を信じてくれた

止まらない涙をぬぐった時に
心から笑えた気がした
もしこの心
輝いて見えるなら
笑顔のかけら

2.

あなたが本気で思ってくれて
最後まで話を聞いてくれた
出来ない事を悔やむより
出来る事から始めよう
あなたとのこの出会いが
喜びや悲しみ優しさを
大きな力に変わって
少しだけ自分を好きになれた

信じる心

教えてくれた
何者にも負けない力を
もしこの涙
輝いて見えるなら
笑顔のかけら

1人じゃなくて
皆の力
合わせて進もう共に

もしこの心
輝いて見えるなら
笑顔のかけら

第3章　自己再生能力を磨く旅館甲子園

第４回グランプリは松之山温泉「酒の宿　玉城屋」

第2章では旅館甲子園に出場した全てのファイナリストを取り上げ、壇上で繰り広げられたプレゼンテーションの内容、その奥にある経営者及び働く人たちの想いを取り上げた。

まだ大会の歴史が浅いがゆえに、自分たちの想いがプレゼンテーションでは伝わりにくかったところもあったが、私はファイナリストの旅館に客の立場で泊まり、登場した人たちから取材することによって、その伝わり切れなかった溝を埋めることができた。

この本の主題はあくまでも旅館甲子園で繰り広げられた熱い想いの内容を掘り下げ、そこから現代の旅館経営のあり方を透視していくことにあり、その逆ではない。

したがって全国の旅館を網羅しながら、これからの旅館のあり方、再生のありかたを抽象化し、分析提案していく一般的な旅館再生論、旅館未来論ではない。しかしそれでも全国の青年部から選ばれてきたファイナリストたちの話は、その旅館ならではの特殊性がありながらも、全国の旅館の経営者、働く人にとって普遍的な課題を提起していることは間違いない。

(1) 日本一を競い合う意味——敗者のない競争

居酒屋甲子園の場合、創設者である3人の若者が「俺が日本一だ」と主張しあい「では日本一を競おうではないか」と熱い議論を重ねたところから始まっている。そのために客観的な基準が必要だということで覆面調査が導入された。さらにこの競い合いを全国規模でやらなければ日本一は実証されないということで居酒屋甲子園大会の実現となった。目指すところは居酒屋を通して日本を元気にすること。そのための競い合いだった。

「共に学び共に成長し共に勝つ」という理念の中で「共に勝つ」の意味が重要だった。

私は拙著『居酒屋甲子園の奇跡』（筑摩書房）第6章でスポーツ哲学において世界的に有名なジョージ・シーハン博士の「ランニング実践学」にある「競争する（compete）」の解釈に注目した。博士は「競争する」は「一緒に（com）」探し求める（petere）」ことだと明らかにしていた。そうだ。「共に勝つ」という意味は、互いの力を借りて最高のものを探しだすことなのだ。

博士はさらに「互いに高めあい、奮い立たせるこの戦いの場は、相乗効果を持った社会であり、1人が利益を得れば同じだけの利益が行き渡る。それは誰もが勝者になれる社会だ」と説明し、唯一の勝者という考えを退けた。つまり「共に勝つ」は敗者のない競争なのだ。

自分の仕事場で働いている日々の活動がどのレベルのものなのか。日本一に輝く居酒屋のあり方とはどのようなものなのか。それを探し求めていく。それが競い合う本当の意味である。

一方旅館甲子園の場合は、主催する組織が全旅連青年部なので、日本一を競い合うという意味が一部の人たちを除いてはなかなか理解されないまま進んでいった。

居酒屋甲子園はそれを実現するための理事会や実行委員会はあるが、あくまで「日本一を競い合う」ための運営組織であって可変的である。大会が終われば次の大会の運営組織がつくられる。したがって権力構造とは無縁である。

旅館甲子園は全旅連の催事の一つになっていて、そこに関心を持つ人たちが任意で競い合いに参加するというスタイルになっている。

居酒屋甲子園の大会を見た横山公大が、「お客をもてなす時間では旅館は居酒屋より長い。チームワークづくりもより複雑で大変だ。だから我々は居酒屋に負けるわけにはいかない」。「自分たちも甲子園を立ち上げて日本を元気にする旅館のあり方を模索すべきだ」と考え旅館甲子園の立ち上げに尽力していった。

横山は当初はこの「競い合い」に青年部の多くがエントリーしていく構図を描いたことだろう。2年に1度開催される青年部の全国総会では、旅館業界を取り巻く厳しい現状が語られ、業界を盛り上げる課題が明らかにされ、活発な討議がなされていた。その延長線上で当然「私のところはこうやって成長している」という発表の場を求めて、積極的にエントリーしてくるところが多く集まると思っていたのも当然だ。

しかし、いざ蓋を開けてみるとその数は極端に少なかった。

ちなみに居酒屋甲子園の場合も同じような体験を何度もしている。大会準備の時、全国から実行委員を集めた会議に、参加者が集まらず、主催した大嶋啓介が号泣したことや、それを見て2代目理事長になる高橋英樹が「俺がやってやる」と男気を出してライトバンで全国を飛び回ってエントリー企業を発掘していった。居酒屋の経営者も、「競い合う」イメージがわかないというのが一番のネックになった。

その点、青年部沖縄総会の時の模擬旅館甲子園の実現は、既に存在している組織の利点を最大限活用できた。その意味は大きかった。

第1章でふれたように3旅館のパフォーマンスは三者三様で、参会者に旅館甲子園のイメージを植え付けることに成功した。

そうやってエントリー企業が集まりだし、第1回大会の開催にこぎつけた。

しかし「競い合う」ことにネガティブな考えがなくなったわけではなく、依然それに疑問を抱く人も多い。青年部の一催事である限り、それは致し方のないことだろう。

しかし大会を重ねるごとに参加したことによって働く人たちが輝きを増し、旅館も輝いていく例をどんどん生み出している。その影響が広がっていけば徐々にネガティブな考え方の人たちも目を背けていることを辞める時が来るのだろう。

ネガティブに考える人は「旅館の人は仕事柄、表に出たがらない傾向がある」「人前に出て自慢したがらない風土がある」と言って「競い合う」ことに腰を引いてしまう。しかしそれを業界の一般的傾向ととらえるのはどうかと思う。

サービス産業に従事している限り、積極的にお客とかかわり、仲間とかかわっていく。そのような環境をつくらない経営者の下では、働く者は去りお客も近寄らなくなる。

また働く人たちは働く意味、そこに属している意味をいつも知りたがる。それは他の旅館との関係性の中で初めて明らかにされていく。それは自慢することではなく自己確認をすることである。

だからファイナリストに決まって準備に入るや、はじめはおずおずとしながらも、やがて（突然）見違えるように積極的になって、自分たちの日常の仕事の意味を開陳することに喜びを見出していくようになる。

また彼らは他の旅館のあり方を会場で見て感激する。

今まで所属旅館のことしか知らなかったのだが、いろいろなあり方を知って、自分たちの存在を知る。最高のものを探し求める「競い合い」があってそれが実現される。

そのような例をファイナリストの旅館のスタッフを取材して私は確認している。

さらに壇上に上がった人たちは大会が終わった後も、練習過程と本番で自覚した仲間と「共に学び共に成長していく」。このことが日常の作業に輝きをつくり、結果お客に満足を与えるパフォーマンスを生み出すことになる。

彼らの立場からすると、旅館甲子園は給料の多少、地位よりも、今働いている意味、存在の意味を知る最高のチャンスなのだ。だから一度ファイナリストを経験すると次の機会にもういちど挑戦しようとする。二度以上ファイナリストになった**青根温泉**の「**流汕**」（51頁参照）、**渋温泉**の「**さかえや**」（65頁参照）、**伊香保温泉**の「**松本楼**」（150頁参照）を取材して実感したことだ。このエネルギーを抑えてはならない。むしろ再挑戦の機会を積極的に準備し、働く人たちの可能性をもっと引っ張りださなくてはならない。

実際、連続出場を辞めてしまったことによって、出場したスタッフと、その後の入社したスタッフの間に意識のずれが生まれ、それを埋めるのは大変難しいといくつかのファイナリストの主力メンバーから聞いた。意識のギャップが出るという事実は、この旅館甲子園の存在意味を物語っている。

また「競い合う」ことではなく「オンリーワンを見つけ出す」ことを旅館甲子園の役割と位置付ける意見もある。

よく言われるように「オンリーワンを目指す」という目標は、マーケットが成熟した段階で出てきたキーワードだが、一見わかりやすいようでわかりにくいものだ。

誰がそう評価を下すのだろうか。

メディアは建物、客室、風呂、女将のもてなしなどを対象として決めていく。モノやヒトを分割して評価する。しかし旅館甲子園が目指す「競い合う」はもっと総体的、一体的なものだ。それは働く人が創り出した成果物である。視点が全然違っている。

オンリーワンは他社とのかかわりの中でしか浮き上がってこない。働く者どうしで「競い合い」をしながら探し出していくものである。

（2）旅館における「おもてなし」の追求

2013年9月、ブエノスアイレスで開催された国際オリンピック委員会（IOC）総会で

２０２０年の東京オリンピックが決定された。その時の日本側アンバサダー滝川クリステルがはなった有名な「お・も・て・な・し」は、日本人の精神文化を象徴するものとして、ＩＯＣ委員の投票に大きな影響を与え、それ以来この言葉は流行語となって独り歩きをしていった。

実はその3年前に開催された上海万博で、中国人のホスト、ホステスたちの接客に関心が集まり、不安視する人が多かったことから、日本人の指導による「おもてなし」教育が行なわれていったのは記憶に新しい。万博後でも中国ではこのおもてなしが独り歩きし、飲食店のマニュアルにも採用されていった。中国リゾート地で、このおもてなしを象徴する場として日本旅館が造られたことは意外に知られていない。成功例は聞かないが、日本のある大学の中国人教授がその展開をプロデュースしていた。

日本ではいささか聞き飽きた言葉になっていったが、感情労働がますます最重要視される飲食店や宿泊施設では、このおもてなしはその内容を深めながら相変わらず大きなテーマとなっている。おもてなしは言うまでもなく来客に対して心を込めて遇することを指す。宗教的な場面では巡礼者や托鉢増にものを施す行為にも、この言葉が使われている。

飲食店や宿泊業の場合にはおもてなしに対価が発生し、それ自身が価値を生むビジネスになる。接客業という言葉はそのことを直接的に表した表現だ。

しかし複雑なのはそのおもてなしの中身によってお客の価値観が変わってくることだ。接客と接遇を辞書で調べてみると明らかに区別していることに気がつく。

接客は単純な技術領域。マニュアル化できる範囲のこと。一方接遇というとお客の事情や気持ちに入り込み、お客にしみじみとした安らぎや感動を与えていくこととなる。別の言葉でいえば身と心の癒しを保証することだ。

接客は時には接遇のレベルにまで高めることが求められる。

しかし接遇の意味のもてなしは単純ではない。画一化できない。一人一人のお客によって異なる感受性にいちいち合わせなければならないという意味で個別的だ。しかも接遇は相手によっては異なった捉え方をされる場合があるという意味では多義的である。

したがってお客の事情や気持ちに入り込み、よく言われる「かゆいところにまで手が届く」気づかいをする接遇能力を組織としてどう育てていくか。

欧米の高級ホテルでは当たり前な、お客が選択することができる〝お客の事情や気持ち〟ではなく、提供する側が先読みして〝一方的に〟事情や気持ちを提供する日本旅館の接遇方法は並々ならぬ想像力が求められる。

『日本旅館進化論』（光文社）で山口由美は「現代におけるホスピタリティが、提供される側の『気持ち』や『便宜』を最優先するものであるとすれば、相手の『気持ち』や『便宜』を直接聞かずに推し量る『おもてなし』は実施する技量によって、奇跡のごとく素晴らしいものになるか、的外れなものになるかが左右される」「『おもてなし』は日本文化の独自性を示す最強の武器である。しかし誰もが遂行できるものではなく、また誰もが無条件に受け入れるものではないことを自覚したうえで使うべき武器なのだと思う」と述べ、「かゆいところにまで手が届く」気づかいは、よほどの技量がないと的外れになると警告している。

世界の富裕層相手の高級ホテルを踏襲し、お客側の「事情」や「気持ち」を選択できる自由さが価値を創り出すと判断し、それがおのれのライフスタイルとなって身につけている山口にとって、軽々しく「おもてなし」を唱える危うさに警鐘を鳴らしている。

それこそ〝奇跡のごとく素晴らしいもの〟の例として良く取り上げられる京都・柊家の田口八重さんは、その著『おこしやす』（栄光出版社）の中で「お客様はおひとりおひとり、お顔立ちが違うように、お気持ちだって違うのです。それぞれに合ったおもてなしをしなければなりません。お目にかかった瞬間に、お客様の気持ちを察して、こうしてほしいと望む対応をしていくのです。これが、私がお客様をおもてなししてきた人生で、体験から掴んだモットーなのです」と述べている。

しかも旅館は、ホテルが部屋を売るビジネスなのに対して〝泊まる〟を売るビジネスだ。チェックインからチェックアウトまでお客の求める〝泊まる〟の要素はいくつもある。温泉、食事、観光という要素は欠かせない。その全過程において接遇が貫かれているかどうか。特にお客が旅館を選択する契機となる料理に関してはそのことが言える。

最近、お客の「便宜」や「気持ち」に応えるために「泊食分離」のスタイルを採用している旅館がある。しかし食事の場面は旅館の持つ接遇の力を発揮するところ。食事はその〝泊まる〟の中で独立して存在するのではなく、逆に最も大切な要素になっている。

お客は食事をとりながら、その地域の食文化を体験し、その食事に込められた職人たちや接客係たちの、お客に喜んでもらいたいという精神をしみじみと味わう。

桐山秀樹はその著『旅館再生』（角川ワンテーマ21）の中でこの「泊食分離」に触れ、「宿屋がサービスを提供する機会を自ら失するようなもので、料理に対する宿側の混乱を顧客に押し付けるようなものでしかない」「宿泊する側にとっては、その宿で様々な食事を楽しむのが当たり前で、わざわざ外の店舗に行って、食べたいと思わないからだ」と苦言。

桐山がここでいう「宿側の混乱」というのは「百花繚乱的な、いわゆる『旅館食』のメニューには多くの顧客が満足しない」状態に直面した宿側の右往左往のことを言っている。

それもあるが、それだけではない。むしろ山口由美が指摘する、欧米の、あるいはアジアンリゾートの高級ホテルでは当たり前になっているお客側の「便宜」や「気持ち」に立つ顧客最優先志向という良き意図が前提になっている場合が多い。

しかし〝泊まる〟を売ることが旅館の本質とするならば、その旅館の心を叩き込んだ自慢の食事は、桐山の言うように絶対放棄してはいけない分野であろう。

桐山はまた「日本旅館は、あらかじめ主人と女将が用意しておいた独自のホスピタリティーに満足する顧客を用意して待つ」「嫌いだったら別の旅館に泊まってもらえばいいというのが、旅館のサービスが持つ基本的なスタイルだ」と言って顧客最優先を考えるあまり「泊食分離」スタイルを採用する志向を退けている。

〝泊まる〟の全過程に接遇をもって応えるということは容易ではない。しかもその接遇が個別的、多義的だとすると顧客サービスの研修だけでは不可能だ。

研修はあくまで接客レベルのこと。接遇のレベルの獲得は組織内で長い時間をかけてつくられた社内文化、社風の中にしかありえなくなる。

それがどのように育てられているか。旅館甲子園が探し出す最高のものとはまさにそこにある。

第1回大会でグランプリをとった**青根温泉「流汕別邸　観山聴月」**（51頁参照）では毎朝行なわれる朝礼が社内文化を育てるふ化器になっている。

その朝礼はチームリーダー格の過足亮調理長が主導していて、トップダウンスタイルで行なわれるものではない。理念の唱和だけでなく、朝礼で有名な居酒屋「てっぺん」で行なわれている「№.1宣言」を一人一人が大きな声で行ない「お願いします」の連呼が続く。

その日のシフトに入っているものが全員参加する。参加するスタッフは明らかにこの朝礼を通してここで働く意味、己がここに属されていることを確認して、そのことで自らが癒されていく。

温泉旅館に泊まりに来るお客は、温泉で体を癒しに来るだけではない。地元の食材を使った、都会では味わえない食事をとりながら身も心も癒されていく。

しかしお客にとって最大の癒しは、そこで働く人たちとの触れ合いによって化学反応を起こした心の奥のほうにある精神的な癒しだろう。

働く者たちによるお客への接遇が、お客を癒し、その反応によって働く人たちがさらなる癒しを獲得していく。

決して大げさな動作、所作ではないけれど、知らず知らずのうちにお客の精神は癒されていく。

このような体験は連続グランプリをとった渋温泉の「**さかえや**」（65頁参照）でも同様のことが言える。

ここでは働く人たちの精神的な癒しをいつも大切にしている。

知的障碍者や引きこもりだった人なども引き受け、働く仲間の中に巻き込んでしまう社内文化が基底にあるのだが、働く人たちの精神的な悩み、弱みをしっかり掬い取る仕組みが社内につくられている。旅館経営をよく知るカウンセラーに定期的に来てもらい、経営者やベテラン従業員でも対応できない深いところに悩みを持つ人の治癒を行なってもらっている。

例えばパニック症で悩む女性スタッフにトイレ掃除を夢中になってさせることによって、その障害を取り除くなど、このカウンセラーは旅館の仕事の中に身を差し入れながら、ある時は行動を共にして問題点を突き止めていく。

しかしこの段階ではカウンセラーと被治療者とは個別的なかかわりだ。それ以上に大事なことは被治療者を含めて、働く者たちに「共に学び共に成長する」という精神文化が社内に根付いていることだろう。

弱者を仲間として認め、共に働く中でその弱者の可能性が浮上していくのを待つ。やがて「共に成長」しようとする意志が全体に植え付けられていく。
そうやって働く者たちが癒されることによって、仕事の中にその精神が自然に表現されてくる。
お客はなぜか知らないうちに身も心も癒されて帰っていく。

第3回大会でファイナリストになった岡山県の「**奥津荘**」（180頁参照）は、働く者の自主性を重んじ、接遇方法も個別性を持つのでとやかく言われない。女将も若女将も「やれる範囲で一生懸命にやりなさい」としか言わない。無論マニュアルはない。

しかし働くものどうしは「共に学び共に成長」しようと新たな課題に挑戦しようと話し合う。トップダウンとは違ってボトムアップなので、トップはよく働くものと酒を酌み交わし、時には激論し、泣き、最後は「共に成長しよう」で別れる。そこで全員が癒されていくのだ。

その結果、動作の一つ一つにお客の心を癒す気づかいが見られ、お客は知らず知らずのうちにミラクルな満足を得ていくことになる。

接遇は個別的、多義的な性格を持つがゆえに、社内文化が育っていかないと発現してこないことを三社の例を挙げて述べたが、ここに旅館甲子園の存在意味があることを強調しておかなければならない。

「流辿別邸　観山聴月」の人たち全員が、日常の仕事を対象化した発表で、日本一になることを確信して壇上に上り、そしてグランプリをとった。それが全員の癒しにつながり、旅館の輝きも増した。

渋温泉「さかえや」も大会出場によって、全員がここで働いている意味、仲間と存在している意味を確信し、グランプリをとることによってそれまでやって来たことに誇りを持ち、そうやって癒されていった。湯本社長が「旅館甲子園によって私たちは成長した」と壇上で叫んだ言葉は本心からであった。

（3）継承の宿命

「旅館経営と居酒屋経営の根本的な違いは、旅館の場合は、その伝統、常連客、地域とのかかわりの中で、その子供たちはその経営を引き継ぐという宿命を背負っていることです」。これは**越後湯沢「HATAGO井仙」**（97頁参照）の井口社長が取材中に私に語ってくれたことであった。

「代が替わる」ということは、大きな組織が企業経営になっているような場合に例外はあるが、ほとんどの旅館がその息子か娘、あるいは娘婿が後継者になることを意味した。

したがってこの後継者がいないということになれば廃業に追い込まれていく例が多い。

両親が休む暇もなく働いている姿を見たり、お客の大騒ぎし酔いつぶれる醜態を見せつけたりして幼少期を送った後継者候補たちの多くは、旅館経営は嫌いだ、できることなら他の業界で働きたいという経験を持っている。しかし両親が高齢になったり死亡したりしてわがままを通すわけにもいかず、結局は代を継ぐという宿命に従っていく。

長い歴史を持つ旅館にはほかにはない経営資源をあらかじめ持っている。温泉、自然環境、建物、そして歴史で培われた温泉文化などがそれだ。ゼロから出発したら膨大な資金と時間が必要なものばかりだ。

しかし後継者が引き受ける時に重荷となって背負わされるのは設備投資に使った借金と、古いしきたりの中で人生を送ってきた多くの従業員の存在だ。

時代が団体旅行中心の旅行ブームであった時代に、旅館は鉄筋コンクリートの大きな観光旅館（ホテル）に変貌した。銀行はその不動産を担保に惜しげもなく貸し付けていった。60年代には始まっていた観光ブーム、高度成長経済、バブル景気の中で旅行代理店に追い立てられるように部屋数、宴会場の規模などを競うように大きくしていったのは記憶に新しい。

景気が後退し社会経済の仕組みが変化する中で、団体旅行は急カーブを描いて減っていき個人旅行の時代に入っていく。増床を重ねた団体用の客室、大広間と膨大な借金だけが残された。そんな状態の時に代替わりをしていった若い経営者たちは大変な試練を受けることになった。いろいろな条件のもとでのことなのだが、その試練は大きく分けて2つある。

確執を乗り越えて

1つは時代認識、観光旅行スタイルなどのマーケットの捉え方における親子の確執と妥協。

団体旅行ブームの時代にその対応に追われて計画性もなく増築増床を重ね、従業員を機械のように酷使していった父親が息子に代を引き継ぐときが一番難しかった。

もう自分たちの時代は終わったことを認識し、息子に代を譲り全く隠居してしまうか、口出しせずに現場でサポートに回る例も多いが、時代認識の違いを認めず、親子喧嘩を派手に行ないながら従業員にもあきれて去られていく例もあった。

連続グランプリの**渋温泉「さかえや」**（65頁参照）湯本社長の父親との確執はその典型だった。旅館経営は女性が代を継いだ方がうまくいくと信じていた父親は、娘を後継者にと思っていた。しかし農業に従事する男性のところに嫁ぐことを希望する娘と対立してしまった。見かねた湯本は外資系コンサルタントの会社を辞めて、自分が家に戻るからと申し出て姉の結婚を成立させた。

しかし、ゼロからのたたき上げだった婿養子の父親は、息子に代を譲ることに消極的だった。志賀高原のある旅館の売却の話が持ち込まれ、その買収に乗り気だった父親は、銀行に融資の相談を持ち込んだ。その時銀行側から出された条件の一つが、息子を実家に戻し後継者として育てることだった。結果的にはその物件は反社会勢力がかかわっていたことがわかり手を引いたのだが、いったん家に戻る決意をした湯本はコンサルタント会社を辞めて旅館の経営に携わるようになった。

その当時は新館のプランが進められていた時。そのプランの自慢が6階建て新館に2基のエレベーターが設けられたこと。それまでお客も従業員も上層階まで階段を上り下りしていた。湯本にとってそんな設備上のことで満足している父親が歯がゆかった。

「それが〝売り〟になるのですか。どこにでもある設備でしょう。一体この新館のコンセプトは何なのですか」と父親に詰め寄ると、「このわしがコンセプトなのだ」と全く取り合ってくれなかった。

それからはいさかいが絶えなかった。コンサルタント会社で仕込んだ経営論と外国語で父親に迫れば、父親はかえって意地になって息子の提案をことごとくはねつけた。

新館がオープンする直前では玄関ホールで取っ組み合いのけんかに発展し、従業員は旅館の行く末に不安を抱き、組合問題や労務問題を起こしながら1人去り2人去っていった。

最終的には母親の遺言によって父親は社長も役員も降り、湯本の経営が始まっていった。

しかしいざ社長になってみて本当の苦労が待ち構えていた。そのことは第2章で述べた。

求められた新しい旅館のビジョン

2つ目に直面した問題は引き継いだ旅館をどのようなビジョンをもって時代に対応した、あるいは時代を先取りしたものに再創造できるかという課題であった。

時代の変化が旅館に投影されていったことの一つは、来館客の動機の変化と求める要求の変化だろう。

団体旅行中心の時代では、いかに多くのお客をさばいていくかの機能面が重視された。旅行代理店の要求に応えて客室を増やし宴会場をつくるというハード面の改善と、お客を機械的にさばいていくための分業化の徹底であった。宴会芸などもこの機能的接客を補完する道具立てとして発展していった。

その団体客が急速に減り個人客中心の時代に入るや、客室を広くとる改善政策や備品の充実などが進められ、集客手段もコンピューター時代に対応したネット予約の充実が図られていった。

時代への対応を一番はっきりと促していったのはインバウンドへの対応だろう。

予想以上に急速に増え続けるインバウンドのお客をどう受け入れていくか。

特にインバウンドでもリピーター客が増えてくると、日本の伝統文化を感じる中小規模で家族経営の旅館に熱いまなざしが注がれる。

その日本古来の伝統美、伝統文化を引き継ぐ旅館へ注がれるインバウンドのまなざしは現代日本に生活する人々のまなざしとつながり始めている。インターナショナルな感覚はナショナルな感覚と同調していく。

そういう意味では**越後湯沢「井仙」**井口社長のキーワード「江戸の旅籠を現代で表現したらどうなるか」という視点は鋭い問題提起であった。

すでに第2章で述べたように井口は親から旅館を預かる前に、親が築いた旅館で働きながら長い時間をかけてこれからの旅館のあり方について悩んできた。

従来の旅館のあり方を拒絶しながら、もともと持っていながら忘れ去られた日本の旅館文化を時代の空気の中にさらし、新しくよみがえらせることを考えた。

江戸後期の旅籠は多様な用事で旅する人たち相手に街道筋に根を張り、おもてなしの原型をつくってきた。旅人をくつろがせる空間構成、食事、接客などは現代人から見れば不合理な部分が多くあったとはいえ、当時の人々の体と心を癒す場を提供していた。

それが近代になって立ち位置があやふやになっていった。欧米文化が日本の近代を支えていくような形で入り込み、来日する欧米人のホテルが都心のみならずリゾートにまで出現していった。日本の富裕層がそれに跋扈した。

鉄道の開設によって駅前旅館が造られ街道筋の旅籠は駆逐されていった。

鉄道利用客の獲得を目指して設けられた旅行プランは第一次団体旅行ブームをつくり出した。かつて湯治場だった施設が、旅籠のビジネスモデルを取り入れて温泉旅館に衣替えをしてそのブームに応えていった。それが現代につながる旅館の原型と言える。戦後は復興に拍車をかけた経済成長に伴って会社の慰安旅行が盛んになり郊外の温泉地を潤した。50年代の第2次団体旅行ブームである。

労働で疲弊した社員の慰安旅行は今の若い人には想像ができない状況を造り出した。宴会場はどんちゃん騒ぎ。それが終わると〝湯の町〟に繰り出して享楽を求めていった。

そして高度成長経済、バブル景気を迎えて旅館は大型化し、大規模観光旅館（ホテル）に変貌した。それに伴って〝湯の町〟の遊興施設は館内に取り込まれ旅館の夜は享楽の場と化した。〝湯の町〟の灯が消えた。

無論すべてがそうなったわけではない。

70年代には会社の慰安旅行を拒絶する若い女性向きの観光地とおしゃれなペンションが雑誌で紹介され「アンノン族」がそこに押し寄せた。また旅情をしみじみと味わいたいと願う富裕層などに特化した湯布院などの高級リゾートもその存在感を示していった。

このように経済成長を支えた人のための慰安旅行となった団体旅行客への対応によって旅館のありさまは慰安＝享楽のスタイルにシフトし、伝統的な日本旅館の文化をすっかり変容させた。越後湯沢「井仙」の井口も那須高原「**山水閣**」の片岡もそこのところを解体し、再構成を試みていったわけだ。

第1章で明らかにしたように片岡は、除去すべき嫌いなところを列挙して、それを取り除いたスタイルから出発した。看板さえ出さない覚悟がそこにはあった（29頁参照）。「井仙」の井口はアンチ旅館を掲げ時代感覚に合わないところを徹底的に除去し、旅籠の進化した形を現代に提示して見せた。

「井仙」のロビー脇に設けられた、伝統文化の一端をうかがわせる囲炉裏のある空間、素足のまま歩く畳廊下、室内の座敷につくりこまれた低いベッドなど和モダンとも違う、過去のものを磨き改変しながら未来のほうに持ってくる美意識は、旅館文化の神髄を教えてくれてお客の心を打つ。知的欧米人がついうなる〝クール〟な趣が息づいている。

サラブレッドが走る

金谷ホテル観光（株）金谷譲児社長は再生旅館となった二つの巨像、「**鬼怒川温泉ホテル**」、「**鬼怒川金谷ホテル**」を、見事再生させてさらなる挑戦を続けていることは第2章で触れた（114頁参照）。立教高校を出てアメリカにわたり、ネバダ州立大学ラスベガス校（UNLV）を卒業したのち、カジノディーラー、総菜屋経営を経験し「ザ・キタノニューヨーク」でホテル業の何たるかを学んだ。それだけのキャリアの若者が毎年2億5千万円にもなる金利を返済し続け、この大規模旅館（ホテル）を再生して見せた手腕はただものではないと思う。

ファンドの数字の追求に彼はディフェンスを強化しながらも、委縮することなく、マインドは絶えずオフェンシブに挑戦を重ねた。どうもそこは彼の血の中に流れる何かをどうしても考えてみたくなる。

「鬼怒川温泉ホテル」は「日光金谷ホテル」の支店として1931（昭和6）年に開業している。東武鉄道の根津嘉一郎の出資によるもので経営は金谷一族に任せられた西洋風の高級リゾートホテルとして富裕層に喜ばれた。

敗戦でGHQに接収されるのだが、接収解除の2年後、この「鬼怒川温泉ホテル」は「日光金谷ホテル」から分離独立し、譲児の祖父鮮治が社長に就任した。

すでに「箱根富士屋ホテル」で修業してきた祖父はここで存分に腕を振るう機会を得た。

しかし華族制度の廃止や財閥解体などによって富裕層の顧客を失った鬼怒川の両ホテルは、朝鮮戦争による軍需景気をきっかけに起こった50年代の第二次団体旅行ブームの波に乗っていかざるを得なかった。

富裕層相手の高級ホテルでホテルマンとしての技術とセンスを磨いてきた鮮治にとって腕の振るいようがなくなったのかもしれない。「富士屋ホテル」で修業を共にした藤岡充夫に鬼怒川の経営を任せ、自らは東京に事務所を構え、60年に創業された赤坂の「ホテルニュージャパン」の立ち上げに藤山愛一郎に乞われてかかわっていった。

「ホテルオークラ」、「ホテルニューオータニ」に先駆けた、東京オリンピックを見据えたこの豪華シティーホテルでは鮮治は常務としてアイデアを次々に打ち出し、彼自身が備え持っていた西欧風のライフスタイルとともにその名を内外に広めていった。

その実績を高く評価した北炭（北海道炭鉱汽船株式会社）の萩原吉太郎は、北海道の観光拠点として造ったプレステージホテル「札幌グランドホテル」「札幌パークホテル」の経営に鮮治を加えている。祖父の鮮治はその後、西麻布の本社ビル内に、後に「料理の鉄人」でスター的存在になるシェフ坂井宏行を招聘して「西洋膳所ジョン・カナヤ麻布」を開設し、日本の食文化と西洋食文化をフュージョンさせた新しいフランス料理を提案していった。箸でフランス料理を懐石風に食べるというスタイルは、フランスのヌーベルクイジーヌに先駆けた鮮治と坂井が考え出した独創的なもの。

このように祖父鮮治は、西洋風のライフスタイルを幼少期から身につけて欧米を行き来しながらさらに磨きをかけて、ホテルやレストランのビジネスの中に開花させていった稀有な人だった。しかもそれは単なる〝西洋かぶれ〟ではなく、日本人が今でもあこがれる江戸の粋人の持つ〝粋さ〟を併せ持っていた。

鮮治の息子輝雄、すなわち譲児の父は鮮治とは対照的にとても穏やかな人物であった。誠実でひとに優しく時には長嶋茂雄のような直感で判断する〝ゆるさ〟も相まって、鮮治とは違ったタイプの経営者として周囲の人に愛されたようだ。

このようにホテル業界の先端を走ってきた祖父と父の跡を継いだ譲児は、祖父の影響を最も受けながらも譲児独自の世界を造り出していった。考えてみれば、鮮治が提示していったものは、時代が求め始めた先端的なもの。欧米文化にあこがれる富裕層や一部の知識人や新しい味覚と欧米風空間を求める都市型エリートたちに、自分のライフスタイルで練りあげた〝生産物〟を華々しく提示して見せる。いわばプロダクトアウトの志向が求められる時代に存分に腕を振るった。

しかし譲児の時代は違った。市場が成熟するにしたがって先端にあったものが普通になった。祖父の時代に新しかったものが一般化してしまった。和の中に洋の感覚をとり入れる、洋の中に和を取り入れるというフュージョン感覚は、日本人の日常生活の中にも取り込まれだした。インバウンドのリピーターたちは、今や和の中に洋の中では感じることのできない〝わび・さび〟を見つけようとし始めているぐらい、日本旅館にも求められているものは深く多様になった。

そうなると市場をしっかり分析して、どのレベルの人々のどのような過ごし方を提案するのか。すなわちマーケットインの発想がなければ成熟した市場では対応できなくなった。

譲児が最も大切にして遂行しているブランドステートメントによる理念と実務の共有が、まさにそのことを彼が鋭くとらえ実践しているあかしである。

プロダクトアウトの時代にはさほど問題にされなかった働く人の輝きは、マーケットインの時代にはマネジメントの中心に入ってくる。

そこのところも十分理解したうえで、ブランドステートメントは全社員に共有されながら「第3章」に入り、譲児は3代目の継承の宿命を面白がっている。

(4) 旅館が輝けば地域が輝く・地域が輝けば旅館が輝く

江戸時代後期の旅籠は街道筋に立地していてどちらかというと線的な発展を遂げた。しかし同時期の湯治場は自然噴出した温泉によって同心円的に宿が造られていったという意味で面的な発展を遂げた。したがって後者のほうが地域社会とは縁が深い。自炊が前提になるので周辺の農家とも密接につながっていた。

しかし経営という面から言うと街道筋の旅籠屋は、商人、参詣者その他必要によって旅する人びと相手の商売。飯盛り女を置いた飯盛宿とは区別されながらも、商いの知恵が働けば働くほど面白い商売であった。

それに比べて湯治宿は身体的な、時には精神的な欠損を治癒するためにやってくるお客で、自炊が前提。付加価値と言えばその温泉の治癒力しかなく事業としての発展性がなかった。

近年になって街道筋の旅籠屋の隆盛を横目でうらやましげに見ていた湯治場の主人たちが、旅籠屋の仕組みを導入して商いの面白さを追求し始めた。それがのちに温泉街になっていった例が多いという。これは江戸後期から近代にかけての宿泊施設の変遷史を研究してきた**越後湯沢温泉「井仙」**（97頁参照）井口社長から聞き取った話である。

この越後湯沢も新幹線をはさんで反対側には旧街道が走っていて、そこの旅籠屋が並んでいた様子が姿形は変わったとはいえ今でもうかがい知ることができる。

今の「井仙」がある越後湯沢温泉は、湯治場から発展して旅籠の仕組みを取り入れて発展していったようだ。面的に存在していた旧湯治場の旅館群は温泉街としての共同性を帯びることになり、多くのお客を誘致するマグネット力を必然的に持つようになった。当然食事に関係する生産者、卸業者が周辺にあつまり土産物屋も発達し、そこは街の様相を呈するようになる。

そのような温泉街のお客は身体上の治癒のみならず、自然の中を散策なりして精神的な治癒を求めていった様子が想像できる。温泉街を散策したのであろう。そうなるとその温泉街で気分転換する娯楽施設がもうけられていく。

私事になるが1960年代後半、熱海温泉で約1年間小さな旅館にかかわる機会があって当時の〝湯の町〟をつぶさに見ている。

当時から団体客が増え、旅館は鉄筋コンクリート造りの大きな建物に変容し、海岸沿いには「グランドホテル」「つるや」などが君臨していた。夕方前から浴衣姿の観光客が海岸沿いを散歩する姿が見られ夕食後（宴会後）にはほろ酔い気分の宿泊客が娯楽施設を冷やかし歩いたものだった。

当時は旅館で働く人の数も多く、番頭やおかかえ運転手などが憂さを晴らす飲み屋が、観光客に隠れるように路地裏にひっそりとたたずんでいた。それはそれで小さなコミュニティーをつくっていた。

街には土産物屋だけではなく、小さな旅館の料理に必要な生鮮産品の店や什器、備品の小売店もあった。このような温泉街は熱海だけでなくおおくの観光地に見られた。

バブル崩壊以降、全国の大規模温泉街は団体旅行の激減によって大きく変貌した。

倒産が相次ぎ、倒産したところがリゾートマンションに建てかえられたり、格安ホテルに業態替えしてその姿を変えていった。

観光客が激減し、取り残された街は、生き残りをかけて新しい街づくりに着手していった。

幸いインバウンド需要の増加は、そのあと押しをしていくことになった。

温泉街の街づくり方法

温泉街の街づくりの方法は、大きく分けて2つの方向に分かれるようだ。

1つは温泉街の魅力を街歩きに主題を置き、宿だけでなく街で過ごす時間を物語消費してもらい街を活性化していこうという考え。そのために土産物屋を見て回るという消費シーンをつくり出すために、各旅館内の土産物コーナーをなくしてしまおうという温泉街の話も聞こえてきた。

しかし、60年代70年代の各地温泉街における街歩きとの対比でいえば、享楽気分で街を冷かして歩いた団体客の浴衣姿は、今では絶滅したといってもいいのではないか。

当時の団体客は主催者が招いた者を慰安するという性格を持っていて、現代の2人客やグループ客の身体的精神的癒しを求めていく性格とは根本のところで違っていた。

そう考えると街歩きへの誘いは別のベクトルで考えないと、良き意図が途中で挫折する危険を用意する。まして土産物屋を求めての街歩きは考えにくい。土地の生産物のマルシェを街中につくるとか、酒やまんじゅうの製造現場を見学したり体験する試みがないと長続きしない。

ここでいう別のベクトルは、街歩きそのものが街並みの風情によって価値を生み出す場合である。そこでは館内から出て浴衣のままつい散策したくなる街並みが存在しなくてはならない。自然の散策路はあるに越したことはないが、浴衣姿というわけにはいかない。ここでいう温泉街の街並みとは、宿泊の楽しみの一つとして、旅館の内部空間の延長線上で浴衣姿のまま外部空間を楽しむ場のことである。当然街並みの美学が求められる。

兵庫県城崎温泉は柳並木のある情緒たっぷりの温泉街で、浴衣姿のそぞろ歩きが似合うところだが、近年車の往来が激しく、危険を感じる宿泊者が9割近くにも達して、その得難い価値を失いつつある。

もともとこの街並みは1925年の北但大震災によって焼け野原と化した温泉街を、時の町長「**西村屋**」4代目西村佐兵衛が、建築家岡田信一郎のプランを採用して造らせたもの。街並みの風景を愛でながらそぞろ歩きを楽しむように企画されている。

そこに車社会が半ば無計画的に入り込んだ。

その情緒ある街並みをもう一度取り戻そうと温泉街の人たちが立ち上がった。旅館甲子園第4回大会会長で23代青年部長「西村屋」7代目西村総一郎がその中心にいた。

彼は城崎温泉再興の人、西村佐兵衛のひ孫にあたる。

タウンミーティングを重ね、知事への陳情を繰り返し、桃島バイパスを設けてう回路を造り、道路を1車線にする実施案を勝ち取った。

その計画は2026年頃に実施され、再び城崎温泉にそぞろ歩きの浴衣姿が風物詩としてよみがえってくる。

もう1つの街づくりの方向は、ひとつひとつの旅館がオンリーワンをつくり上げ、総体としてその温泉街の魅力をつくり出すという方向である。ひとつの温泉街がいくつもの性格の異なった旅館を抱える、というイメージにつながっていく。

そのためにはオンリーワンになるためのスキルアップを図る勉強会などを開きながら、街づくりを共同で行なっていくという志向である。

第4回大会でグランプリをとった新潟県**松之山温泉「玉城屋」**（83頁参照）の山岸はその思考を根強く持っている典型であろう。日本酒利き酒師の資格やワインのソムリエの資格を持つ彼は、松之山温泉の若手経営者を集め、セミナーの講師を務めながら全体のレベルアップに寄与している。

各旅館がオンリーワンになるということは、容易ではないが、その思考が温泉街に浸透しつつあることは事実である。さらに推し進めていくためには「共に学び共に成長する」理念の下で、各旅館のあり方をアワードで競い合うぐらいの豊かな想像力が求められていく。

雪国観光圏構想に見る旅館の街づくり

２０１４年、この年に開通が予定されていた長野―金沢間の北陸新幹線によって、上越地方への旅行客が減少することが予測された。越後湯沢と金沢を結ぶ特急「はくたか」は本数が削減され、このままでは越後湯沢が素通りされてしまう。今こそ地域が一丸となって、上越地方の魅力を発信していかなければ。特に旅館の経営者にとっては深刻だった。

地域が生かされていかなければ、その中で生きる旅館は成立しなくなる。**越後湯沢「井仙」**の社長井口智裕が、そんな状況を何とか突破しようと立ち上がった。

2005年に代を継いだ井口は「江戸時代の旅籠が現代に進化していったら」という仮説を考え続け改装を断行。しかしハード面は思い描いたイメージ通りの形ができたが、それを生きたものにするソフト面、すなわち働く人の〝進化〟を忘れていた。

昔の旅館のしきたりをひきずってきたスタッフの再生が建物の再生よりも大切だと気が付いた井口は「旅籠三輪書」によって理念の浸透を図り、輝きを発現しだした働くスタッフの力によって10年間で売り上げも従業員数も3倍にして見せた。

その10年間の井口の経営理念は、地域の活性化にごく自然に敷衍していった。

そもそも「旅籠三輪書」は顧客満足、従業員満足、地域満足の3つの輪＝和を指すもの。近江商人の「三方良し」と同じ発想だが、井口の中ではこの3輪が1つの中に納まっている。3つは円環となってと統一されている。3輪が分割されていない。ケルトのトリスケル、日本の巴印をイメージするとわかりやすい。

したがって彼は旅館を再構成し発展させるということは、地域の活性化を同時に意味していたわけだ。彼はまず同じ思いを持つ同志を見つけていった。

1人は**上牧温泉**の「**温もりの宿　辰巳館**」社長の深津卓也、もう1人は**十日町・松之山温泉**「**ちとせ**」の4代目柳一成だった。

北陸新幹線開通に伴う２０１４年問題以前の２００８年に施行された観光圏整備法に基づいて、雪国観光圏もその１つとして認定された。新潟県では魚沼市、南魚沼市、湯沢市、十日町市、津南市、群馬県ではみなかみ町、長野県では栄村の３県７市町村にまたがるもの。この圏域は日本海側からやって来た湿った季節風が山脈にぶつかって豪雪をもたらしている。

この雪国観光圏は、２０１３年の観光整備法の改正に伴って民間組織となった。行政側は「雪国観光圏推進協議会」を設け、民間組織と併走する形をとった。

この民間の雪国観光圏を当初から牽引していったのが井口智裕であった。２０１４年問題が雪国観光圏の活動の緊迫性を促し、井口が具体的プランを動かし始めた。

しかしそれ以前から地域を超えた活動は始まっていった。

２００８年、十日町松之山温泉で旅館、土産物店、住民の有志で立ち上げた「合同会社まんま」（代表柳一成）が、所属８軒の旅館と農業生産者とコラボして、春夏秋冬の「朝まんま」メニューを開発した。それが下敷きになって、２０１１年には新潟県旅館ホテル組合青年部が「にいがた朝ご飯プロジェクト」を立ち上げた。13温泉地１１５旅館が参加し地元の食材をアッピールするとともに、同県への観光誘致にもつなげようという意図を持っていた。

これらの活動がさらに〝雪国〟というキーワードで深堀りしながら発展していったのが雪国観光圏だ。活動内容を簡単に紹介しよう。

宿泊、飲食、食品加工にかかわる事業者に向けた認証制度「サクラクオリティー」（インバウンドプロモーションに参加を希望する事業者に対して星1つから5つまでが付与され、外国人観光客受けのWEBサイト上で公開）は各施設の品質管理の向上を目指す試み。

「雪国A級グルメ」は一定の認定基準を設けて星1つから3つまでが与えられる試み。

その認定基準は

①　雪国の気候風土が生んだ美味しい食を自らの宿や店でつくっていること。

②　原材料のすべての情報を公開できること。

③　雪国観光圏内の食材を積極的に使用していること。

④　消費者の「安全」と「おいしさ」を第一に考え、原産地や添加物にまで気を配っていること。

⑤　「雪国A級グルメ」認定の一次産品、加工品を積極的に使用していること。

これらの基準は格付けのためでなく、事業者の自己点検、目標設定に主題が置かれている。

この発案は雑誌「自由人」編集長で旅館「**里山十帖**」のオーナーである岩佐十良によるもので、雪国観光圏はこの認定作業を（株）自由人に委託している。

またメールマガジンや季刊のフリーペーパー（年間10万部）の発行なども行ないPR活動も活発だ。井口智裕の中では雪国観光圏は雪国文化圏と重なっていく。

縄文時代の初期から中期に形成された雪国文化は約８０００年の歴史を持つ。雪に閉ざされた生活の中で育んできた雪国ならではの文化は、外からはなかなか見えにくい。車社会になり、スキーが都会人のスポーツとして愛されるや、雪国の世界を少し覗く機会ができても、その中に根付いていた貴重な文化的要素までは気が付かない。

井口はその隠された文化的要素を今表に出して、その魅力を伝えようとしている。

雪国ならではの文化の特徴を井口に語ってもらった。

① 準備という文化。春獲ったもの、夏獲ったものを保存する。1年の半分はその準備に充てられる。
② 狩猟の文化。冬になると獲物の足跡が雪の上につく。居場所がわかりやすかったのでジビエが豊かだった。
③ 運搬の文化。狩猟によって獲った熊や太い材木などは、雪によって運搬が容易だった。
④ 保存の文化。狩猟した生肉を雪によって保存できた。自然の冷凍庫があったわけである。
⑤ 攻められる時の防御の壁。戦国時代には雪の壁がバリアになった。
⑥ 織物文化。雪に閉ざされた屋内の織物作業は産業になった。
⑦ 酒文化。米を保存することが容易であった。越後杜氏が育ち、全国に誇れる酒造りのメッカになっていった。

など、雪と共生しながら特有の文化が長い歴史の中で育てられたことがよくわかった。

その文化遺産を見えるものにして、その価値を訴えなければならないのは、都会の人たちに対してだけではない。地元の人もその価値を認識することなく東京に行ってしまう。

旅館に働く人たちはもっと誇りをもってこの文化遺産を背負っていく使命を持たなければと、井口は地域の発展と旅館で働く人たちの輝きを結びつけている。

(5) インバウンドと旅館のコト消費

2013年、訪日外国人旅行者が1000万人を突破したあたりから「インバウンド需要」という言葉がネットやマスメディアに頻繁に登場し、人口に膾炙されるようになった。

安倍晋三の経済政策「アベノミクス」以降、金融政策で量的緩和が進んだことにより為替水準が円安になり、来日しやすくなったことや、格安航空会社（LCC）の就航拡大がそれを後押しした。

2013年、政府が打ち立てた「観光立国」方針に基づく訪日外国人旅行者1000万人を目標とした「ビジット・ジャパン・キャンペーン」や、観光査証の発給要件緩和などによって2013年の下地はつくられていった。

インバウンド消費も年々増え続け、2019年には旅行者が3188万人にまで伸びた結果、4・8兆円にまで達し、日本経済を下支えするまでになっている。

2014年の観光庁による費目別消費額では、宿泊代が30・1％となり、インバウンドの宿泊業に及ぼしている影響が大であることを語っている。

確かに、その宿泊代の多くは大都市に集中し、都市ホテルやビジネスホテルの稼働率は85％あたりまで押し上げ、民泊問題を引き起こしたことは記憶に新しい。

しかしこのインバウンドの大きな流れは、２００３年の政府主導による観光地への外国人団体客の誘致段階から、２０１４年からの〝爆買い〟状態に移行し、２０１６年からは「コト・体験消費」に向かった。明らかにこの段階から地方の旅館に注目が集まってきている。

このような大きな流れに先駆けて、インターネット時代に入ったという自覚からインバウンド客を積極的に誘致していった旅館があることを、ファイナリストの中からもうかがい知ることができた。

京都・南禅寺「八千代旅館」

典型的なのは模擬旅館甲子園でプレゼンした**京都・南禅寺「八千代旅館」**の中西敏夫だ（24頁参照）。

場所柄、過去にも外国の要人を受け入れてきた実績を持っていた。父が経営する旅館に入った中西は時代が変化していくことを見通し、ネットを駆使して海外からお客を誘致することを実行していった。

１章で明らかにしたように八千代旅館のインバウンド率は毎年伸び続け、今や客数の8割がインバウンドで占められ、京都ではNO．1の旅館になっている。**四万温泉**の「**柏屋旅館**」（216頁参照）もネットによるインバウンド誘致を早くからやっていた旅館だ。

自然が豊かなひなびた温泉地で昔からのファンが多いが、群馬の山奥にある温泉地。果たしてここまでインバウンドがやってくるのだろうかと誰もが疑問に思う。

しかし柏原はその可能性を信じ続けた。インバウンド需要がコト寄りになるに従って確実にその成果が現れだした。今では宿泊客数の15％以上がインバウンドで占めるまでになり、四万温泉では抜きんでている存在だ。

徳島県の**大歩危峡**にある「**まんなか**」（165頁参照）はインバウンド客が3割も占め、昨年の秋には6割にまで達している。特徴的なのは「まんなか」のインバウンド客のほとんどが香港から。不思議な現象に見える。

2013年東日本大震災の時に、東北地方以外の観光地を探し始めた香港の来日客に目を付けて、地域の他の旅館と一丸となってPRに打って出た。香港の人たちは国内旅行のための観光地を持たない。全部海外になる。関空に近いということもあり口コミも手伝ってインバウンド数は確実に伸びていった。

関空に近いと言えば兵庫県の城崎温泉もそうだ。

第3回大会のファイナリスト「**小宿　縁**」（206頁参照）の場合も、地域ぐるみのPR活動が功を奏してインバウンドが飛躍的に伸びたところである。2017年の時点で城崎温泉全体で5年前の40倍のインバウンド客数で、4万人の外国人がこの風情ある温泉街にやって来た。

「但馬牛の宿」と地元特産品にフォーカスしたオーベルジュ的旅館のユニークさが、インバウンドの評価を高めていっている。

インバウンドへのおもてなし

インバウンド需要が大都市のシティーホテルからさらに地方温泉地の旅館にまで及んでくることが予測された2003年頃から、旅館従業員の英会話教室がマスコミに取り上げられていた。

しかしインバウンド需要の速度は、英会話による武装よりも早くやって来た。相手の国の会話に対応できなければ需要に対応できないと思っていた矢先のインバウンドへのおもてなし。急遽英会話のできるスタッフを雇い入れたりもした。

しかし、そこかしこで思わぬ事態に遭遇していくことになった。英会話が達者であるに越したことはないが、単語を並べたごく簡単な会話で、後は手ぶりなどでコミュニケーションをとれることがわかってきた。

「一生懸命に相手に言いたいことを伝える気持ちが大切なのだ」とわかると、不安が消えてだんだん相手の言葉が伝わってくるようになった。ヒヤリング能力が深まればコミュニケーション能力はどんどん高まっていく。

第2章でとりあげた「南天苑」（194頁参照）の女性スタッフの発言にはそこら辺の事情がよく表現されていた。得意な英会話を活かせると思いインバウンド客が増えてきたこの旅館に就職したのだが、先輩スタッフが外国人客と交わす片言英語とボディーランゲージにはびっくりしてしまった。それで通じるのだ、という驚きと伝える気持ちの大切さを彼女は学んでいった。

非言語コミュニケーションは本来欧米人にとっては苦手である。対集団、対個人においてもあくまで個から出発する欧米人は言葉を発することが不可欠だ。

日本人は集団とか2人から出発して個があるから集団や他者に悪い思いをさせない、ということが前提になっているので、コミュニケーションは欧米人とは異なる。

ユング心理学研究者の世界的権威である河合隼雄は著書『日本人の心のゆくえ』（岩波書店）の中で「日本では、個人と個人との関係を考えるよりは、全体として場を大切にするので、ともかく場を壊すことを避けたいと思う。2人の人間のどちらが正しくどちらがまちがっているかということではなく、ともかく2人の場をあら立てずに作ること」が大切にされる。

欧米人に対するときの非言語的コミュニケーションを河合隼雄は身体言語とも表現しているが、そのことにも触れて「身体言語といっても、直接的な身体接触ではなく、少しのしぐさや表情の変化によって、いろいろなことが伝えられる。このような身体言語による表現には、相当な文化差があり、互いに理解しにくいと言っていいだろう。欧米の文化は、なんといっても言語表現を大切にするので、身体言語の読み取りに苦労するのかもしれない」。

しかし言語ばかりが優先されると人間関係がぎくしゃくする。だから欧米人はそれを避けるためにジョークを多発する。次も河合隼雄の引用。「そのジョークの中に、相手の気持ちや、自分はどうしてもやりたいけれどできない、などという気持ちがうまく盛り込まれてくると、この人は『社交性』があることで評価される」。

旅館では当たり前に使われる「すみません」「ごめん下さい」などが連発されるが、欧米人が直訳で理解しようとすると面倒なことになる。

だからかえって非言語的コミュニケーションのほうがうまくいくのだが、接遇のレベルになるとある程度の言語表現が求められてくる。少なくともモノや食材にまつわる言語やジョークが言えるようになると、その社交性が高く評価されてくる。

相手が言いたいことがわかるようになってきたのだから、欧米の方法に簡単に同調するのではなく、日本的な方法で語りながらその意味を説明する能力が必要になってくるだろう。

笑い、笑顔もこれからは日本の誇るべき文化として説明しなければならない時が来るだろう。たいした理由もなく面白そうに笑っているスタッフがいる。私が取材した中で一番印象に残ったのは「**鬼怒川温泉ホテル**」（114頁参照）で夕食時に接客してくれた女性スタッフ。若く美しい女性でちょっとした所作の合間に声をたてて笑っている。もうそれだけでこちらも楽しくなってくる。この嬉しさは何だろうと考えてしまった。

これも河合隼雄の話なのだが、後進国の田舎で出会った子供たちの屈託のない笑い顔、笑い声に接して、もう日本には戻ってこないだろう昔の日本人の美質を感じ取って感激したという。

渡辺京二は『逝きし世の面影』（平凡社ライブラリー）で江戸後期の庶民の笑顔、笑いに関しての、日本を訪れた欧米知識人たちの驚きとその神秘性の評価について記している。

「十九世紀中葉、日本の地を初めて踏んだ欧米人が最初に抱いたのは、他の点はどうあろうと、この国民は確かに満足しており幸福であるという印象だった」と日本を訪れた欧米人の膨大な旅行記をひもといて渡辺はそう結論づけた。そのうえで日本人の笑いが欧米人観察者に与えた印象を取り上げている。ボーヴォワールは「この民族は笑い上戸で心の底まで陽気である」。またスイス通商調査団団長リンダウは「日本人ほど愉快になりやすい人種は殆どあるまい。良いにせよ悪いにせよ、どんな冗談でも笑いこける。そして子供のように、笑い始めたとなると、理由もなく笑い続けるのである」。また探検隊の一員として訪れたオーストリアの軍人クライトナーは「底抜けに陽気な住民は、子供じみた手前勝手な哄笑をよくするが、それは電流のごとく文字どおりに伝播する」。

渡辺が引用したこれらの話は、河合隼雄が後進国の田舎の子供に感じたことと同じである。近代以前のコミュニティの中では他者に気づかってよく笑う。笑いで集団や他者との関係性を良いものに保とうとする。そんな日本人のもともと持っていた美質が、他者を気遣う旅館の仕事の中に時折時代を超えてふっと顔を出す。そんなことまで欧米から来たお客に説明できたら満点なのだが。

異文化とのずれと〝クール〟

伝統的な旅館の仕組みの中で必ず問題とされるのが、玄関で靴を脱ぐという習慣だろう。今では日本の文化が随分事前に認識されていて、それをむしろ楽しんでしまおうとする外国人も現れているが、かえって日本人が意識しすぎている点であるかもしれない。

靴を玄関で脱ぐというこの習慣は、日本の気候条件が高温多湿であることと縁がある。家屋を建てる時に多湿を防ぐために床を上げ、内部空間を外部空間よりも高くする。従って玄関はその境界となっていて独特な意味を持たされた。

昔は内部空間が今より高かったので土間の玄関には踏み石が置かれ、そこで靴を脱いだ。外部空間から内部空間に入るときには独特な感覚が求められた。俗界から聖域に踏み込むような意識が形成されるようになる。いわば結界の意味を持つようになった。日本人は何らかの理由で下足をはいたまま上がると、聖なるものをけがした気分になる。

廃家に上がるときにも下足で上がるのは嫌なものだ。

「**鬼怒川温泉ホテル**」の金谷譲児は、西洋のライフスタイルを家の中にも持ち込んでいた祖父の影響で、小学生時代に友人の家に土足で上がり込み「変な子供」のレッテルを貼られた記憶を語っていたが、日本人の感覚では当然「変な子」だったわけだ。

インバウンドが増えてきた時代、この問題にどう対応するか。各旅館によって考え方の違いがあってどちらが良いとは言えないが、下足のまま部屋まで通行可能な仕組みをつくって新しい時代に応えようとしているところも多い。その場合、部屋の中まで下足のままの場合と、部屋に入って玄関らしき空間で靴を脱ぐ場合とに分かれる。

インバウンドの人たちが日本文化への理解が深まるにつれどう答えを出していくか。日本の生活文化は武道を通しても想像以上に馴染まれてきている。

私は今後のヒントとなる旅館として**越後湯沢**の「**井仙**」(97頁参照)を取り上げたい。先にも触れたが、この旅館では玄関で靴を脱ぐ。しかしスリッパはなく、裸足で内部空間に上がる。廊下は畳になっていて、その素足が畳とこすれ合う感触がなんとも気持ちがいい。裸足で土を踏む感触とも違ったもので、身体的にも精神的にも癒されていくような気がしてくる。日本人のDNAが呼びさまされるような感じだ。

また異文化とのずれを感じるものにプライバシーに対する感覚がある。

部屋の鍵をかけるということは防犯上のことだけでなく、プライバシーを守るという意味でも現代の旅館では当たり前になっている。

江戸時代の風習を残して、鍵をかけないという習慣は半世紀前まで残っていた。宿帳をもって、仲居や番頭が「失礼します」と声をかけて入ってきた。当時は部屋出しの食事が当たり前だったので、いちいち仲居が部屋を出入りした。酒の追加や煙草の注文まで帳場に電話がかかってくれば、すぐそれに応えた。そんな時代だから部屋の鍵など無用であった。お客は宿やそこに宿泊する人を信頼していた。

日本のお客もビジネスで都市ホテルやビジネスホテルを使う機会が増え、部屋に鍵をかけることが習慣となった。海外旅行の体験も多くなりその習慣は定着し、旅館文化の中にも浸透した。

インバウンド客が増え、プライバシーを守る意識は食事の出し方にも及んでいった。

人手不足から合理的な方法として、部屋出しを止め、ダイニングで食事することも今では習慣化されてきたが、インバウンドの人たちにとってもそれはありがたかったし、当然と受け取った。いちいち料理内容が変わるたびに仲居が部屋を出入りすることを彼らは嫌った。

しかしその部屋出しは日本の旅館文化だとして、かたくなに守り続けているところもある。

ファイナリストの「**南天苑**」はその良い例で、山崎社長はこの旅館が守り続けなくてはならない文化としてその仕組みを維持し続ける。

第2章でも述べたが、「河内音頭」を踊ることによって、おもてなしやチームワークを表現していったように、文化に対する表現がこの山崎は独特である。

部屋出しも彼にとっては旅館文化の表現であって、それは付加価値を高めることになる、労働生産性を低めることにはならないと判断している。

第4回大会の時の青年部長、西村総一郎の**城崎温泉**「**西村屋**」が、かたくなに部屋出しにこだわっているのも同じような発想である。

南禅寺の「**八千代旅館**」の中西敏之に聞いた話だが、日本旅館の建物、庭、室内空間というハード面だけでなく、接客というソフト面においても、最近の欧米人はそれに感嘆して「クール」という言葉を発するという。インバウンドと多く接するとその感嘆詞がよく耳に入ってくるのだろう。単に「ビューティフル」「ワンダフル」しか聞こえないと思っている人でも、だんだん意識して聞けるようになると、この「クール」が耳に飛び込んでくるはずだ。

クールジャパンが日本のポップカルチャーの象徴のように思われ、政府主導による海外への「産業の輸出」がまことしやかに叫ばれたのは最近のことだ。漫画、フィギュア、現代アートの中で「かわいい」が世界でもてはやされ、その「かわいい」が「クール」と同義語とされていったのは記憶に新しい。

しかし日本語に訳されたこの欧米人の「かわいい」は、日本人の抱くかわいいとはニュアンスが違う。

欧米の文化の中にはなかった、あるいは捨て去った非合理なもの、不均衡なもの、非画一的なもの、無駄と思えるもの、江戸時代には粋と言われていたことを彼らは「クール」と表現しているようだ。そこから美意識が刺激され、生命感が揺さぶられていく。

実際彼らは日本人の思っている「かわいい」は幼児性を持ったものとしての評価しかない。もっと日本文化に踏み込んだところで感じる欧米の文化にないものを探ろうとしている。

南禅寺「八千代旅館」や「南天苑」の広々とした日本庭園、越後湯沢「井仙」の畳廊下、囲炉裏端、各旅館にある露天風呂などのハード面、さらにフロントやホール担当者たちの笑顔と接遇を、彼らは日本特有の癒しのためのディテイルとして「クール」と表現しているようだ。

インバウンドをリピーターにしていこうと考える時、まだまだ未解明な「クール」の実態を掘り下げ、それを準備することがこれから最重要な課題になっていくだろうと思う。


【参考事例】日本のエリス島「貴美旅館」


旅館甲子園とは直接には関係しないが、旅館がインバウンドに対応するにあたり参考にする例として東京・谷中の「**澤の屋旅館**」がよく取り上げられる。

商人宿、修学旅行の宿として繁盛していた東京・谷中の小さな宿が、時代の波を受けてその需要が減少し、経営の危機に陥っていた矢先、友人から紹介された外国人受け入れ宿のグループに所属し、それから新しい時代の波に乗り換えて外国人専用旅館として再浮上し、客室稼働率95％程度をはじき出す超繁盛店に変貌した。

この「澤の屋旅館」物語はインバウンド需要にどう対応するかに苦慮していた旅館業のみでなくあらゆる業界から関心を持たれ、社長澤功はメディアの取材に追われ、講演会に呼ばれて全国を飛び回って大忙しである。メディアの取材には原則として応じ、その人気の秘密を公開することを拒まなかった。その結果、テレビ、雑誌、単行本でかなり詳細にその情報は知れ渡った。

「澤の屋旅館」のインバウンド受け入れの基本姿勢が、家族的な情愛にあふれたもので、そのメンタリティーは欧米の個人主義をベースとした社会では失われつつあるものだった。ここではそこに人気の秘密があったと指摘するにとどめておきたい。

あまり知られていないが、外国人宿としては「澤の屋旅館」よりも早く世界のツーリストに知れ渡り客室稼働率も90％以上をコンスタントに維持している旅館が池袋にあることを紹介しよう。池袋西口奥にある「**貴美旅館**」がそれである。

貴美旅館と湊貴三郎氏

創業は「澤の屋旅館」が１９４５（昭和24）年に対し、「貴美旅館」は下宿屋から旅館としてスタートしたのが１９５３（昭和28）年と少し遅い。

木造二階建て38室あるそれはやはり商人宿として出発している。周りはつれこみ宿が並んでいた場所だが、日本旅館としての姿勢を守りぬいた。

外国人を受け入れだしたのは1977年頃から。1982年の「澤の屋旅館」より早く、しかもグループに入ることなく単独でその世界をつくりあげた。

今ではこの旅館の代表をつとめる湊貴三郎に当時を振り返ってもらった。

湊は3兄弟の次男。3人とも若いときに世界を長期にわたって旅行し、世界の簡易宿泊施設の知識を得ていた。

そこは施設の善し悪し、価格が適正であるかどうかも大切だが、世界を旅する者同士の貴重な情報交流の場として、熱量の多いコミュニティが形成されているかどうかがもっと大切であった。

帰ってきた3人とも、「貴美旅館」もまたそのように世界に開かれた場にしたいという想いを持っていた。次男の喜三郎は立教大学経済学部3年の1972年に約8カ月かけて世界1周旅行をしていた。ユースホステルやYMCAを泊まり歩きながら、彼もまた「貴美旅館」も世界を旅する若者を受け入れる宿にしたらいいのにと両親に訴えた。

しかし両親は息子の提案が理解できなかった。

そのうち高田馬場や大久保にできていたイングリッシュハウスと呼ばれた山谷の安宿のような簡易宿泊施設や、ミキハウスと呼ばれたシェアハウスのような施設に外国人が目を付け泊まり始めていた。

それを見て貴三郎らはもう一度両親に提案を試みた。両親は相変わらず事情はつかめなかったが、息子たちを信じてしぶしぶ合意した。

貴三郎は英語のチラシを作って、有楽町にあった国際観光振興会に持ち込んだ。応対した重松さんという女性が「こういう旅館を探していたのよ」という返事に勇気づけられた。

外国人は安価で安心して泊まれる日本旅館を熱望していた。しかし都内には見当たらなかった。そこの紹介で外国人がどんどん増えていった。4、5年の間にこの旅館は外国人でいっぱいになっていた。

その様子は読売新聞（1981年4月5日朝刊）に「〝外人はたご〟大繁盛」というタイトルで大きく報道された。

しかし母親はメディアへの露出を嫌った。せっかく来館した外国人旅行者同士のコミュニケーションを大切にしているのに、日本人客が興味半分に来てもらっては外国の方に失礼になる、それが母親の言い分。それ以来メディアの取材は一切受け付けなかった。

しかし海外のメディアによってこの「貴美旅館」は「ベストプレイス・オブ・ジャパン」と各誌で絶賛され、日本に来る外国人でその名を知らない者はいないまでになった。「日本のエリス島」と題して長文で紹介した海外のジャーナリストもいた。エリス島とはアメリカに移民を希望する者が、最初に審査を受ける場所だ。この旅館は海外から日本にやってくる人たちの希望の入り口だとこの記者は言っているのだ。

世界的に有名な「ロンリープラネット」にもここはよく登場している。そのライターであるクリス・テーラーはその身分を明かさず貴三郎と飲み歩き、彼や「貴美旅館」を奥深くから観察してその人気の秘密を記事にしていった。

１９８６年に区画整理があって、周辺の連れ込み旅館はほとんどがラブホテルに変身した。「貴美旅館」は70坪の敷地に5階建て38室の、外壁がコンクリート打ちっぱなしのモダンな旅館に生まれ変わった。料金は時代に合わせて高くなったが、外国人旅行客を受け入れる仕組みは変わってはいなかった。バス、トイレは共用。食事は提供しない。

ロビー周りはフロント、ラウンジ、大きなダイニングテーブルがコンパクトにうまく配置され、常連客はそこで貴三郎のホスピタリティに出会う。周りには飲食店、コンビニが多く、食事に困ることはない。

ここに宿泊する外国人は貴三郎が大好きで「キボ」と気楽に呼んで友達のようだ。海外メディアにもよくこの「キボ」は登場し「貴美旅館」のシンボルになっている。

この喜三郎は世界一周後、今では伝説となっている世田谷・淡島通りにあった地中海料理の店「ドマーニ」で3年半コックとして働き、１９８０年には旅館の近くで「シェ・キーボゥ」というビストロを立ち上げている。この店は若い女性に受け、貴三郎は外国人が入りだし忙しくなった旅館と掛け持ちで頑張った。

「ドマーニ」のオーナー久保山雄二には、料理だけでなくホスピタリティの何たるかを学び「シュ・キーボゥ」にその精神を持ち込んだ（ちなみにこの繁盛店は、旅館と二股をかけていた貴三郎には負担となりすぎ、母親の忠告を受けて2001年に多くの常連に惜しまれて閉店している）。お客に気軽に話しかけ相手の懐に飛び込んでしまう貴三郎のホスピタリティはその時に身につけた本物だ。

3兄弟は各自の持ち味を生かして役割を分担していくのだが、貴三郎は改装なったこの旅館の代表として残った。彼は外国人が日本文化の根っこをかぎつける「道」の世界に積極的に取り組んだ。華道、茶道を学び旅館にそれを活かした。「道」はやがて武道に自然につながり、世界の武道家のメッカとなっていった。日本人が想像する以上に外国の武道家たちの「センセイ」に対するリスペクトはすごい。その「センセイ」に教わるためにわざわざ長期滞在覚悟でやってくる。長期滞在しても安く済むこの「貴美旅館」は彼らにとってはなくてはならない存在だ。

しかも「キボ」はいつも優しく接してくれる。問題を起こしても笑いながらうまく収めてくれる。この「キボ」のホスピタリティは海外にも知れ渡り海外では記事にもなっている。

彼も武道を学ぼうと合気道を始め、今では初段の腕前。その免状がロビーに飾られている。

民泊問題が話題になった。マンションやアパートの部屋を宿泊施設として提供するという動きに一応新民泊法で歯止めがかかったが、低価格を売り物にする簡易旅館はそのあおりを食らっている。しかしこの「貴美旅館」は、相変わらず高稼働率を維持している。

客筋が自然に世界の武道家中心になっていたがゆえに常連客は浮気をしない。日本の伝統的な「道」の世界が精神的なバックボーンとして旅館の主人の姿勢にも、来日する外国人の心にも内在

している からだ。

日本の旅館は今後ますます外国人から注目されていく。畳、布団、畳廊下、接客係の笑顔、「かゆいところに手が届く」接遇など欧米人の世界観からすれば〝クール〟な要素が満載している。

多くの旅館がそれにこたえる準備を進めていくと、これからは〝クール〟の質がキラーコンテンツになっていく。「貴美旅館」が「道」にそれを求めていったことは、今後インバウンドを迎える多くの旅館に示唆を与えることになるだろう。

(6) 自己再生能力をつくる

再生の視点

旅館は本質的に装置産業の性格が強い。

マーケットが膨張するとビジネスチャンスを逃がすまいと必死で装置を拡大していく。資本の論理としては当然だ。旅行代理店も収益アップのためにそれを奨励する。

銀行も土地や建物を担保にして必要なだけ貸し付けた。誰もが右肩上がりの近未来図しか描かず、ディフェンシブな考えを持たなかった。

高度成長経済、バブル景気を経て、極限まで拡大させた装置は、景気後退と時期を同じくして変化していった旅行形態に対応できなくなった。団体旅行から個人旅行への変化がそれだ。

その変化はあまりにもドラスティックに進んでいった。

装置は過剰となり借金だけが残った。装置は簡単に縮小できないのが装置産業の宿命だ。

旅行会社から送られる団体旅行客をこなしていく日常の中で、財務分析はおろそかにされ、事業体の健康状態がどうなっているかを知る貸借対照表の診断もおろそかにされた。

料理も接客もその旅館ならではの特徴、オンリーワンを見つけ出す、あるいは創り出す気力も環境も失っていた。なすすべもなく破産への道を歩むしかなかった。

そこで手を差し伸べたのが産業再生機構だった。

各分野のスペシャリストたちによる再生計画は進められていったが、それを実行する部隊が従来の仕組みから脱皮できない。これまでのトップや幹部では無理だった。特に古い有名高級旅館やマンモス化した旅館では、古い皮袋そのものを変えなくてはならなかった。

そこで登場して来たのが星野佳路率いる「**星野リゾート**」だった。

古い高級旅館、マンモス旅館の巨額の負債を、再生機構を通していったん清算し、古い皮袋の主たちに退任してもらい、派遣した支配人と残った従業員で再組織化し、ファンドと組んで新しい仕組みで宿の魅力を再創造する。その際、計数管理を徹底し各分野のスペシャリストを総動員して再生を実現するというもの。

その再生手法、成功例はメディアでも取り上げられ、星野は今では再生スペシャリストとして高い評価を得ている。その分析は桐山秀樹の『旅館再生』（角川ONEテーマ21）や山口由美の『日本旅館進化論』（光文社）という著書で詳しく述べられているので重複を避けたいと思う。またそれは私の本題からそれるおそれがある。

自己再生能力

私は旅館を再生させる根本はそこで働く人びとと考えているので、この本では自己再生能力はどのようにつくられていくかに焦点を当てている。旅館甲子園の存在意味もまさにそこにあるからだ。ノーベル賞に輝いた大隈良典のオートファジーのアナロジーで考えるとわかりやすい。細胞が飢餓状態になったりしたときに不要なたんぱく質を分解し、再利用に回すという、細胞内で行なわれるリサイクルシステムのことだ。

旅館再生も同じようなことが言える。

第2章で取り上げた旅館甲子園のファイナリストたちの報告の多くはこのオートファジーと同じだ。そして自己再生能力を創り出し高めていくケースはさまざまであった。

一番うまくいく例は、ご両親が時代の変化を自覚し、次の世代の可能性を信じてバトンタッチしていくことだった。先代は口出しすることなく、せいぜい昔からの馴染み客に顔を見せる程度。

そのことで自己再生能力を存分に発揮して新しい世界を築きあげた例の一つとして、第4回大会でグランプリをとった**松之山温泉「玉城屋」**（83頁参照）を挙げることができる。

次代を担うことを自覚していた山岸は、すでに第2章で明らかにしたように横浜国大を卒業した後調理師学校で和食の基本を学び、ワイン、日本酒に精通すべく勉強して資格を取り、危機に陥っていた両親経営の旅館再生に乗り出した。

さらに山岸のイメージした旅館のあり方に賛同するスペシャリストたちを全国から募り、山岸的小宇宙を創り出して見せた。その時両親は見守るだけであった。


一方で、代を譲るプロセスはスムースにいきながらも、代を引き継いだ人の、時代に合った変革の提案にこれまでいた従業員が反発し、その多くが退社していく事態を招いた経験を持つファイナリストも結構あった。

伊香保温泉「松本楼」（150頁参照）の場合がいい例だ。

婿養子の松本光男が専務として社内改革に乗り出したときに、従来の社員が半年間で30人も退職した。当時1人がいくつかの業務を掛け持ちでやるマルチタスクを迫られているときで、当然の提案であった。また従業員の平均年齢が高すぎて、将来の展望が暗くなることから若い新卒者を募集する。このたった2つの提案に古くから働く人たちは、自分の権益が侵され、早晩この旅館から排除されると受け取って去っていった。

「松本楼」では、松本光男が前職のダスキンで体験してきた朝礼を断行、残った従業員、新しく入った従業員が心を一つにして、ここで働いている意味をしっかり認識するようになった。

やがて地域の朝礼コンクールで優勝するようになり、その延長線上で旅館甲子園への挑戦を行なっていった。このように「松本楼」の場合は理念経営を持ち込むことによって、自己再生を見事に成し遂げている。

このような例は**越後湯沢「井仙」**(97頁参照)の井口智行の場合にもみられた。

両親が経営する旅館に入った時には古い風習がそのまま残されたままになっていて、それがたまらなく嫌で、江戸時代の旅籠が現代に進化していったかたちはどのようなものだろうと考え続けた。団体旅行客、スキー客が減り続ける中、同窓会という集まりに特化したプランを執拗に追い続け、業績をたて直し、両親の信用も得て、追い続けてきた進化型旅館をつくってみせた。

この転換点で彼も従業員のことで苦労している。

辞めていく人が増え残った人も覇気がなくなっていたときに、理念経営を学ぶ。

「旅籠三輪書」によって従業員は一つにまとまり、輝きを増し、その輝きは地域活性化の活動にも結びついていった。

井口の場合は「雪国観光圏」創りなど地域と旅館を結び付け、自己再生能力を外に拡大していった意味は大きい。

理念経営を徹底して代を見事に引き継いだ例として**青根温泉「流汕別邸 観山聴月」**(51頁参照)

の原姉弟も典型だろう。

両親が買い取った古い旅館を、父親のたぐいまれな営業力と長女で後に社長になる原華織の寝る時間をおしんで働いた踏ん張りで軌道に乗せたこの旅館に「たましい」を注ぎ込んでいったのは弟の原太一郎であった。

うつ病で旅館の仕事にろくに手を出せなかった彼を変えたのが、あるレストランの女性アルバイト。全身でお客を楽しませる彼女を見てうつ病から脱出した。

ちょうどその時居酒屋甲子園の創業者大嶋啓介の著書と出会い、東京・渋谷の「てっぺん」の朝礼にスタッフと参加し、自分の生き方を変えていった。

朝礼を導入し毎日繰り返すことによって働く人たちの意識が変わり、そこで働く意味をみんなで自覚するようになっていった。

第1回の旅館甲子園に出場してその理念経営はさらにしっかりしたものになり、それが実務をも輝かせていった。

また第4回大会でファイナリストとして登場した**四万温泉「柏屋旅館」**（216頁参照）の柏原益夫は、両親の経営していた老人会相手の小さな旅館を引き継いだ。他産業で15年も働いてからの里帰り。1999年から数回にわたって若い女性客からも好まれるような和モダンな旅館に進化させていった。

2010年頃からネットを駆使してインバウンド対策に取り組み、四万温泉ではダントツのインバウンド集客力を誇るまでになった。

順調に推移しながらも柏原益夫は満たされることはなかった。

一番の悩みはせっかく3、4年育てたスタッフが辞めていってしまうことだった。それと長い間右腕として頼りにしていた支配人の情熱が年々薄れていって、完全にマンネリに陥っていった。

そこで親しい**伊香保温泉「松本楼」**若女将松本由紀に相談したら、**渋温泉**の**「さかえや」**（65頁参照）に行ってこいと言われた。

「さかえや」の湯本はそれを聞いて自分から出向いてきて、勉強会に来てもらって交流を深めようと提案してくれた。支配人も調理長も「さかえや」の勉強会に参加するようになった。

また社員全員で宿泊し、この「さかえや」のあり方を体で感じた。

このような横の結びつきが「柏屋旅館」の旅館甲子園ファイナリストに結び付き、この3つの旅館の交流の質を高めている。

旅館甲子園によって培養された再生、活性化の菌が旅館という体内で確実に育っている証左だ。

四国・徳島「大歩危峡まんなか」（165頁参照）の場合は少しユニークだ。

他産業でもまれて旅館に戻り跡を継いだ大平修司を待っていたのは、古い体質と従業員だった。

社内はいじめが常態化して全体の士気も下がっていた。

そんな空気を一変させてくれたのが楽天トラベル営業の小川美紀。「まんなか」に可能性を見ていた彼女は、自社の利害を度外視して内部の改革を大平と一緒になって取り組んだ。その結果、楽天トラベル主催の四国ブロックのアワードで連続優勝するまでに変化した。そのことが社内をまとめあげる契機にもなった。

グランプリをとり続けるには何を改善したらいいか。内部から課題を見つけあっていった。料理内容も室内空間のデザインも彼女のアドバイスは的確であった。それが旅館甲子園ファイナリストに上りつめる結果につながった。

大平が彼女を旅行サイトの営業者という視点から見ていたらこのような奇跡的な再生はできなかった。2人は「まんなか」を輝かせるためには人が輝かなければという点において同調作用を起こしていった。

旅館の自己再生をどん底からドラマティックに見せてくれたのが、第1回大会前沖縄で催された模擬旅館甲子園で報告した**那須高原「山水閣」**の片岡孝夫だ。

第1章で詳しく述べたが（27頁参照）、経営するものの情念が「共に学び共に成長する」の理念に落とし込んだ時に生まれる自己再生能力の典型を見ることができる。

片岡の場合、再生の契機は2段階あった。

1段階目はどん底の経営状態の中で、従来の旅館の嫌いな項目を除去し、これからの若い人たちの旅行形態の変化を見抜いて、手作りの露天風呂付客室を造って評判になり、息を吹き返すまで。第2段階目は、客数も増え、スタッフも増えた段階で、教育訓練を施さなかったスタッフに辞められ戸惑い、人の面からの再出発を余儀なくされたとき。

そこで片岡は理念の大切さに気付き、その理念のもとに集まるスタッフだけで再組織化を図った。旅館はスタッフの輝きによって本格的に再生の道を歩んでいった。

旅館再生はおのれの再生から

旅館甲子園のファイナリストにはならなかったが、実行委員として大活躍している「**長崎スカイホテルチェーン**」の塚島英太のことにも触れておこう。

彼は両親とは異なった飲食店、旅館を経営して、経営危機に陥っていったんは他人の手に渡った両親のホテルを最終的には救った、というドラマティックな旅館再生を行なった男である。

旅館甲子園の大会実行委員という立場にいる時におのれの人生観が大きく転換する機会を得て、自らの事業にも再生能力を強くしていった人。そういう意味ではいくつかの前例とは違うが、旅館甲子園はそこに巻き込んだ人たちを変貌させていったという意味では同じことだろう。

1989(平成元)年にホテルを立ち上げた両親のもとに生まれ、塚島は裕福な生活の中にいた。しかし思春期の多感な時期も重なり、好奇心も旺盛だった塚島は15歳の時に上京し、東京の叔母の家を頼るが数カ月で追い出された。友達の家を転々とする毎日であった。

同級生が大学に行ったり、就職したりしているのを横目で見ながらやんちゃを繰り返していた。元気はいいがやることがない。学歴もない。

18歳の時、同じような仲間達を集めて焼肉屋を始めた。これが当たった。

20歳のときに株式会社を立ち上げ、飲食の事業展開を始めてことごとく成功させた。クラブ、イタリア料理店、寿司店、定食屋など多業態に及んだ。利益も生んだ。その利益で2000（平成17）年に売りに出されていた「ホテル長崎」を買い取った。

初年度から黒字化させ、毎年利益を生み出していき、両親の経営していたホテルの株式の買い戻しを行なった。

最終的には毎年2億近くの金をつくって、10億以上の負債を完済し、両親のホテルや子会社2社から他人資本を排除し、完璧に再生してから両親に戻した。

飲食事業も成功し、旅館再生も成し遂げた塚島は自信満々であった。

その己の実績を確かめたかったのであろう、彼は全旅連青年部に所属し、「夢未来創造委」のメンバーになった。

「青年部の連中はどうせ大卒のお坊ちゃんたちなのだろう。地元に帰れば名士としてもてはやされるのだろう」。そんなふうに斜めに構えてみていた。

ところが実行委員長の田村佳之に本気で怒鳴られた。「ばかやろう！　もっと熱くなれ！　おまえみたいなのは世の中にいっぱいいるんだ。生意気な成金のガキめ！　悲しい人生だ、小銭を持っているだけで本当の友達はいないだろう！　くそだ！」

この叱咤は、塚島にとって本当に衝撃的だった。本気で自分を叱ってくれる田村に、自分の傲慢な生き方を根本から変えてくれる神のような啓示を受けた。

沖縄で行なわれた模擬旅館甲子園の後の打ち上げの時、田村の叱咤によってはじめて気づかされた仲間たちの存在と、その仲間たちがそんな自分を仲間として認めてくれていることを知った。

その瞬間、彼は周囲にはばかることなく号泣した。「旅館は金儲けのためだけではない、文化なのだ。つながりが重要なのだ」。号泣しながら塚島は胸の内で繰り返していた。

岩佐十良の再生プロデュースと「山形座瀧波」若旦那須藤宏介

旅館甲子園を推進する全旅連青年部「宿の次代創造委員会」の副委員長を務める須藤宏介は、**赤湯温泉「山形座瀧波」**の7代目。5億円をかけて大リニューアルし、様変わりした旅館の将来を背負っていく宿命を担って奮闘している。

祖父の代で断行した江戸時代の大庄屋の移築は話題を呼んだが、多大な借金も残し、杜撰な財務管理も相まって父の代までそれを引きずってしまった。

10億円という巨額な借金は2011年3月の東日本大震災で、一層重くのしかかり、ついに民事再生法の手を借りることになった。

金融は2億5000万円まで負債を圧縮する代わりとして即金の返済を求めた。

父の弟で宏介の叔父にあたる南浩史の婿入り先は、幅広く関連会社を傘下に収める大手造船会社。そこにこの返済金を代弁してもらった。

立て直しの使命を帯びて南が生まれ育ったこの旅館の社長として戻ってきた。しかし、移築した建物は老朽化が進み、再生のための武器にはならなかった。

山形座瀧波

せっかく支援先から叔父が派遣され、再建の道を歩もうとしている。追加融資をしてもらって想い切った改革をしなければ、また元の木阿弥になると宏介は考えた。

だがご両親はやっと借金地獄から解放されたばかり。改革は少しずつやっていけばと反対した。

が、社長の叔父とともに宏介は改装案を譲らなかった。

3億5000万円の追加融資も決まった。

そこで宏介は「どうせやるなら一流のプロデューサーを頼んで一流の旅館に再生したい」と考え、「**里山十帖**」の岩佐十良さんの名を挙げた。既に「里山十帖」の評判を聞いて宿泊体験していた叔父の南も異論がなかった。

武蔵野美術大のデザインを出て「自遊人」編集長など出版関係の仕事をしていた岩佐は、IT時代に突入した時からものの本質の時代が来ると予言し、米を作りながらその本質を見極めようとしていった。米そのものがメディアになっていった。米を食べている豊かな時間を見えるものにしようと、今度は廃家になった旅館を買い取り「里山十帖」を造ってしまった。ゆったりとした時間が流れ、衣食住がメディアとなって人々の心を豊かにするこの宿は瞬く間に世間の注目を浴び、稼働率もあっという間に90％を越えた。

宏介もこの宿に泊まり、働くものの熱量、空間感覚、地のものを使った食事、それらが醸し出す時間の流れに深く感動し、南と相談して岩佐にプロデュースを依頼することにした。

そうやって「山形座瀧波」の改装は始まった。設計は地元の若い設計者井上貴詞。改装業者は3社がかかわった。しかし老朽化は想像以上に進んでいた。追加融資の額は4億6千万円に跳ね上がった。

工期は半年。その休館している間にスタッフたちは他の旅館に研修に行った。

宏介と料理長の大前は「里山十帖」で研修させてもらっていた。特に大前は持っていた旅館料理の技術を根底から否定され、伝統的な山形野菜や肉の持つ力を存分に引き出す「里山十帖」流料理を叩き込まれた。

多忙な岩佐がやってくるたびに設計変更が求められた。その度に内装業者は翻弄された。

当然のことだが予算はオーバーしていった。7億円という数字まで出てきた。さすがに融資先から圧縮が要求され、最終的には5億円の改装となった。

35室の客室は19室になり、ダイニングはオープンキッチンと個室併用。各部屋に設けられた露天風呂は巨大な蔵王石をくりぬいたもの。そこに源泉から直で引いた湯がかけ流しで楽しめる。常時42度前後で入れるように調節されているのもうれしい。イベントもロビーでの花笠踊り、ダイニングでの南によるそば打ちの実演がありで、お客を飽きさせない。食事時にはオープンキッチンの中から調理長の大前が料理の説明をしてくれる。客単価は、改装前1万5000円だったものを、改装後には3万5000円に引き上げた。現在はようやく黒字化し、ヘビーユーザーも増えてきた。

南は東大から建設省（現国土交通省）に入り、さらに婿養子先で辣腕ぶりを発揮してきた男。このような5億円の大改装で陣頭指揮をするのにふさわしいリーダーシップを持っていたが、これからの問題はこれをどう7代目の須藤宏介に引き継いでいくかだろう。彼に引き継いだ時に初めて「山形座瀧波」再生物語の第1章が閉じられる。

(7) 旅館甲子園の意味

全旅連青年部のビッグイベントとして出発した旅館甲子園も、回を重ねるごとに「旅館で働くスタッフの夢が、笑顔が、日本を元気にする」という目的が、リアルなものになっていく。働くスタッフの夢と笑顔は、まず旅館を元気にし、それは地域を元気づけ、やがて日本を元気にしていく。同心円的なその広がりは、青年部の人たちの本気度によってリアルなものになる。働くスタッフの夢と笑顔はマニュアルからは生まれない。

トップダウンの組織からも決して生まれてこない。

トップも、働くスタッフも共に夢を見、共に愉快に笑うワンチームの中でしか生まれない。

「共に学び共に成長する」というのはそういうことだ。

やがて「共に」の思想は先述したように「共に勝つ」に行きついてゆく。

「共に学び、共に成長」した成果を競い合い、その最高のものを見つけ出していくときは「競う」という本気のエネルギーが必要だ。そこで見つけ出した最高のものは、もっとステップアップした成果として皆のもとに返っていく。

旅館甲子園の意味はまさにそこにある。

「日本を元気にする」というと自分の身体や心からかけ離れた空言のように聞こえる。全然リアルではない。しかし「共に」の思想のもと、本気で旅館を元気にし、地域を元気にしていくと、おのれがそして仲間が輝きを放って見えてくる。

あとがき

2018年『居酒屋甲子園の奇跡』（筑摩書房）を上梓してから私は、一介のライターで終わってはこの本を出した意味がないと思い、その後もこの活動と併走すべく方針発表会、地方大会、サポーター勉強会などに顔を出し、彼らと共にいることを意識してきた。

私は私なりの使命が残されていると思い、居酒屋甲子園の影響を受けて、その業界で働く人々に光を当てた多くの他業種の甲子園の行く末を見守ってきた。

旅館甲子園は宿泊業だとはいえ、飲食業を包摂する部分が多いことから、私は特に注目していた。『居酒屋甲子園の奇跡』の取材で、旅館甲子園ファウンダーの横山公大とも会って、居酒屋甲子園のファウンダー大嶋啓介との出会い、旅館甲子園立ち上げの意味や、その後の経過、横山公大の自分史をかなりの時間をかけて聞くことができた。

また第2、3回大会連続グランプリの偉業を成し遂げた渋温泉「さかえや」の湯本晴彦にも、その年の夏、池袋の居酒屋で生ビールを飲みながら取材させてもらった。

父親との葛藤、再生のための苦労の数々、弱者への温かい想いなどを彼は熱くしかし淡々と語ってくれた。涙をこらえるのに大変だった話も随所にあった。

二人の話から、想いや実践は、業務内容の違いはあるとはいえ、居酒屋甲子園の人たちのそれと何ら変わるところがないことが確認できた。

２０１９年春ごろ、知り合いの出版社言視舎の杉山尚次と出版企画について話し合っているときに、旅館甲子園の本は出せないものかという話が出た。

これは私がどうしても取り組みたかったテーマでもあったので、さっそくファウンダーの横山公大に連絡を取ってみた。彼からの返事は「願ったりかなったりのお話です。ぜひやりたい。さっそく青年部の方に連絡しておきます」というものだった。

しばらくして青年部の幹部の方が私のオフィスにやってきて、出版の取り組み方について話し合った。出版の趣旨について彼らは熱心に聞いてくれた。そこには現青年部長の鈴木治彦、現副部長で第５回大会実行委員長の塚島英太などがいた。

もうその時には旅館業にかかわる出版物を読み始めていた。柴田書店の「月刊ホテル旅館」編集長の金澤達也とも会って事前の知識を得ていった。

私自身、旅館業とは無縁ではなかった。観光業が将来性ある産業として意識され始めた60年代、私は観光業の現場を知ろうと、無謀にも単身温泉街に飛び込み、旅館の番頭、帳場、営業の仕事をこなしてその実情を知った。また一流高級ホテルも勉強しようと、当時圧倒的に外国人客が多かった箱根のある超有名ホテルのメインダイニングのウエイターの仕事に挑戦したりもしていった。

90年代には、ある準大手出版社の依頼で伊豆富戸のプチホテルを委託経営し、マスメディアにいつも登場する話題の店に仕立て上げたこともあった。契約が切れた10年後には手を引いたが、60年代の泥臭い現場の体験が役に立った。

それらの実務体験から、旅館で働く人の立場がどのようなものであるか、肌で感じ取る力がついていた。また経営する人の立場も、人手不足の中で大変な苦労を重ねてきた実体験からよく理解できた。


そういう意味から、働く人たちに光を当て輝かせる、それが旅館を輝かし地域を輝かすという旅館甲子園の趣旨は、私の宿泊業にかかわった自分史の意味を確かめることにもつながるまたとない機会かもしれないという期待もあった。

4回にわたる大会のDVDを見ながら、自分が働き手としてかかわった60年代の状況からは想像できないほどの別世界が展開され、その進化した姿を見て感動した。

居酒屋甲子園の人たちが志向するところのものとそれは重なって、この活動の意味をもっと高く評価して、もっとその意味を掘り下げないと、前に向かっていく歯車が、途中で止まったり逆戻りしかねないという危機感から、私は何としても旅館甲子園のドキュメンタルな本を出さなければと決意していった。

「本の企画が承認されました」という連絡を青年部幹部の方から受けた。

組織の承認を得て本を出すという経験がなかった私は少し戸惑ったが、組織として取り組んでくれるのだとポジティブに解釈して、全ファイナリストの取材の準備に入った。

ファイナリストが語った中心的なテーマは再生。表現は多様だったが、本質的な課題だった。親の代、さらにはそれ以前の代から続いていた伝統、しきたり。景気の波に動かされながら拡大を図ってきた受け入れ装置と膨大な借金。それらを背負って現代社会で生き残るには再生という挑戦的な試みしかなかった。

再生にもいろいろあった。親の代の遺産をスムースに受け継いだかに見える旅館の経営者も、顧客満足のための新しい取り組み、従業員満足のチームワークづくり、地域の活性化への貢献など容易でない問題が横たわっていた。

再生は負のもの、失ったものを元に戻すことを意味しない。それは単なる回復だ。再生には試行錯誤しながら自らの力で現代の中で作り直す、生を明日に向かって確かめ直すという積極的な意味がある。

ファイナリストたちはそれを経営者、働く者が一緒になって共に同じ方向を向き、感覚を共有し、価値を共有し、共にあることを確認しながら、生を新しい地平に押し上げる。

そのようにして再生をしていく姿をリアルに語ってくれた。

そう考えると再生はそこで終わりということはない。姿かたちは一見変わらないように見えながらも、人間の身体の細胞がドラスティックにどんどん変わっていくように、生を蘇生させていく努力は永続的に行なっていかなければならない。それが旅館文化だと思う。

そして、コロナ問題。

集まること、移動することの自粛が叫ばれ、旅行ができなくなった。宿泊施設はキャンセルが続き、休業を余儀なくされた。特にインバウンドが多く、全国の旅館から羨望の眼で見られていた旅館は目を覆うばかりの惨状だった。

非常事態宣言が解除され、自粛要請もほんの一部を除いてはほぼなくなり、経済の歯車が警戒しながらギシギシ回り始めた。しかし消費者のマインドは統計に支配されたまま、まだ萎縮し、〝新しい日常〟にこわごわと対応しているだけだ。

やがて旅館は行政の支援、地域の人々の応援を受けながら、徐々に当面の危機を脱出していくのだろう。問題はその間にどのように再生の準備をしていくかだ。

私はファイナリストの人たちが、休業中も研修を重ね、農業や他産業で働いていたことを知っている。やがてその時代に来たら、それまでの生をしっかりと見直し、明日を見据えて鍛錬したものが生かされるだろうと思う。アフターコロナの再生が今から始められていく。

旅館甲子園大会で語ったファイナリストたちの再生物語をもう一度確かめ直し、咀嚼し、コロナで心の傷を負った多くの旅館愛好者に「我々はあなたたちを引き受けます」というのろしを高々とあげよ！

ドリーム旅館プロジェクト委員会（平成 24 年 12 月 11 日作成）

【大会登録・動員担当責任者】

林　孝浩（北海道ブロック長）　／　一條　達也（東北ブロック長）
柳　一成（北関東信越ブロック長）　／　伊丹　一茂（首都圏ブロック長）
飯山　和義（東海ブロック長）　／　美濃屋　啓晶（北陸ブロック長）
静　盛王（近畿ブロック長）　／　宮川　和也（中国ブロック長）
小寺　達也（四国ブロック長）　／　永田　祐介（九州沖縄ブロック長）
青年部 OB 会

・ブロックから各都道府県部長を通じ青年部員への積極的な動員
・動員取りまとめは、夢未来創造委員会が行う
※旅館甲子園　大会エントリー呼掛け　※旅館甲子園決勝大会への動員
※実行委員会への進言　※各都道府県青年部との窓口等

【実行委員会事務局員】（ドリーム旅館プロジェクト委員会）
事務局次長　柏木　宏泰（総務管理）／佐藤　太一（財務管理）
事務局実行委員：筒井　重浩／片岡　孝夫／阿部　尚樹／長谷川　智丈
曽我　好春／山下　寿男／中西　敏之／関屋　洋一郎
林　晃彦／下浦　拓也／栗原　弘旨

【動員・実行委員会事務局員サポート】（夢未来創造委員会）
宮澤　知晴／川野　耕太／塚島　英太／佐藤　鉄平／君島　正憲／児玉　安正
村田　文人／鈴木　邦弘／工藤　準一郎／北中　克成／田平　周兵／下浦　成章
全旅連青年部事務局　井上　明子

【業務内容】
・大会概要作成　・予算作成と執行　・プレゼン内容作成　・募集要項作成
・審査員検討ならびに審査方法作成　・スポンサー募集内容作成　・一次審査
・大会進行ならびに会場演出　・記録誌画像とりまとめ　・各関係機関との調整

【集計部会】
実行委員会担当：阿部　尚樹
：片岡　孝夫
担当部会長：利光　伸彦
担当委員会：緊急対策
政策立案
◯決勝採点集計サポート

【会場部会】
実行委員会担当：関屋洋一郎
：林　晃彦
担当部会長：森　晃
担当委員会：アカデミー
：平成維新／観光連携
◯資料袋詰め／会場誘導

【懇親会部会】
実行委員会担当：長谷川智丈
：曽我　好春
：鈴木　治彦
担当委員会：組織維新!
◯懇親会会場手配
◯懇親会進行

第1回　旅館甲子園　実行委員会組織図

【監事】
帽子山　優・山本　剛史・富澤　真実

【常任相談役】
金城　仁・宮原　健・小野　晃司

大会　会長
第 20 代青年部長
横山　公大

【審査委員会】

顧問	横山　公大
審査委員長	佐藤　信幸（全旅連会長）
審査副委員長	石橋　利栄（女性経営者の会会長）
審査員	井手　憲文（観光庁長官）
	大嶋　啓介（居酒屋てっぺん代表）
	井上　敬一（フェイク代表）
	羽根　拓也（アクティブラーニング代表）
	井門　隆夫（井門観光研究所代表）
	大田　忠道（有馬温泉旅篭代表）
	柏井　壽（旅行作家）
	小池　恒（オリコン代表）
	藤野　里帆（日本観光学生連盟代表）
	セーラカミング（桝一市村酒造場取締役）

実行委員会担当：柏木宏泰

【旅館甲子園実行委員会】

実行委員長
田村　佳之

副実行委員長
山口　敦史

【実行委員会事務局】

事務局長　荻野　光貴
（ドリーム旅館プロジェクト委員長）

【総務部会】
実行委員会担当：柏木　宏泰
担当部会長：神田　裕幸
担当委員会：総務委員会
○観客動員の集計
○決勝受付 / 来賓アテンド
○懇親会受付

【財務部会】
実行委員会担当：佐藤　太一
：筒井　重浩
担当部会長：新山　晃司
担当委員会：財務委員会
○予算書作成
○スポンサー/サポータ入金管理

【広報部会】
実行委員会担当：中西　敏之
：山内　寿男
担当部会長：神田　裕幸
担当委員会：広報委員会
○メディアプレスリリース
○スポンサー広告取り纏め

宿未来プロジェクト委員会（平成 25 年 10 月 1 日作成）

【大会登録・動員担当責任者】

金　南賢（北海道ブロック長）／齋藤　靖子（東北ブロック長）
田村　佳之（北関東信越ブロック長）／窪澤　圭（首都圏ブロック長）
鈴木　安博（東海ブロック長）／中島　勝喜（北陸ブロック長）
奥村　昌信（近畿ブロック長）／鈴木　治彦（中国ブロック長）
川田　昌義（四国ブロック長）／友杉　隆志（九州沖縄ブロック長）
青年部 OB 会
・ブロックから各都道府県部長を通じ青年部員への積極的な動員
※旅館甲子園　大会エントリー呼掛け　※旅館甲子園決勝大会への動員
※実行委員会への進言　※各都道府県青年部との窓口等

【アドバイザー部会】

実行委員会担当：塚島・中西・君島
永田　祐介（総務広報担当副部長）
永井　隆幸（組織担当副部長）
井口　智裕（政策担当副部長）
坂口　宗徳（研修担当副部長）
桑田　雅之（流通事業担当副部長）
田村　佳之（第 1 回旅館甲子園実行委員長）
萩野　光貴（第 1 回旅館甲子園実行事務局長）
※旅館甲子園エントリー呼掛け
※旅館甲子園への動員
※実行委員会への進言
※各委員会への窓口

【集計部会】

実行委員会担当：富澤
担当委員会：観光連携委員会
政策検討委員会
○決勝採点集計サポート

【会場部会】

実行委員会担当：田邊／苅谷
担当委員会：流通対策委員会
インバウンド戦略委員会
○資料袋詰め
○会場設営・誘導

【懇親会部会】

実行委員会担当：港／田平
担当委員会：
組織 JAPAN 委員会
○懇親会会場手配
○懇親会進行

第2回　旅館甲子園　実行委員会組織図

【初代大会会長】
横山　公大
【監事】
山本　貴紀・勝谷　有史・池見　喜博
【常任相談役】
山本　卓治・森　晃
山本　剛史・内田　宗一郎

大会　会長
第 21 代青年部長
山口　敦史

【審査委員会】

審査委員長　　1名
審査副委員長　1名
審査員　　　　8名
合計 10 名程度予定

実行委員長　宮澤　知晴
副実行委員長　塚島　英太
事務局長　中西　敏之

事務局
君島正憲／佐藤秀一／須藤宏介／富澤真実／田邊敬／苅谷治樹／港英明／田平周兵／長嶋聡／全旅連青年部事務局　井上明子／織田繁富／村上裕司／山下幸一／佐藤鉄平／諸川大／赤城一成／山口雄也／関屋洋一郎／倉沢晴之介
【業務内容】
・大会概要作成　・予算作成と執行　・プレゼン内容作成　・募集要項作成　・審査員検討ならびに審査方法作成　・スポンサー募集内容作成　・一次審査　・大会進行ならびに会場演出　・記録誌画像とりまとめ　・各関係機関との調整

【総務部会】
実行委員会担当：中西
担当委員会：総務広報委員会
政策検討委員会
○観客動員の集計
○決勝受付 / 来賓アテンド
○懇親会受付

【広報部会】
実行委員会担当：君島
担当委員会：総務広報委員会
○メディアプレス
○スポンサー広告

【財務部会】
実行委員会担当：佐藤／須藤
担当委員会：財務委員会
異業種コラボ委員会
旅館アカデミー委員会
○スポンサー/サポーター募集
○入金管理

宿の未来事業創造委員会（平成 27 年 7 月 20 日作成）

【大会登録・動員担当責任者】

金　南賢（北海道ブロック長）　／　大滝　研一郎（東北ブロック長）
川野　耕太（北関東信越ブロック長）／　外川　一哉（首都圏ブロック長）
小瀬古　哲也（東海ブロック長）　／　永井　隆幸（北陸ブロック長）
幾世　英磨（近畿ブロック長）　／　勝谷　有史（中国ブロック長）
谷口　栄司（四国ブロック長）　／　木村　大成（九州沖縄ブロック長）
青年部 OB 会
・ブロックから各都道府県部長を通じ青年部員への積極的な動員
※旅館甲子園　大会エントリー呼掛け　※旅館甲子園決勝大会への動員
※実行委員会への進言　※各都道府県青年部との窓口等

【アドバイザー部会】

実行委員会担当：中西・須藤
鈴木　治彦（総務担当副部長）
川田　昌義（財務・広報担当副部長）
阿部　尚樹（組織担当副部長）
西村総一郎（政策担当副部長）
渡邉　玲緒（研修担当副部長）
山本　享平（流通事業担当副部長）
田村　佳之（第 1 回旅館甲子園実行委員長）
宮澤　知晴（第 2 回旅館甲子園実行委員長）
※旅館甲子園エントリー呼掛け
※旅館甲子園への動員
※実行委員会への進言
※各委員会への窓口

【集計部会】

実行委員会担当：君島
担当委員会：政策実現委員会
○決勝採点集計サポート

【会場部会】

実行委員会担当：山田／森／岡田泰
担当委員会：流通対策委員会
インバウンド対策委員会
○資料袋詰め
○会場設営・誘導

【懇親会部会】

実行委員会担当：長谷川／佐々木
担当委員会：組織 R 委員会
○懇親会会場手配
○懇親会進行

第３回　旅館甲子園　実行委員会組織図

【歴代大会会長】
横山　公大
山口　敦史

【監事】
井口　智裕・内田宗一郎・永田　祐介

【常任相談役】
田村　佳之・神田　裕幸

大会　会長
第22代青年部長

桑田　雅之

【審査委員会】

審査委員長　1名
審査副委員長　1名
審査員　8名
合計10名程度予定

全旅連会長　北原　茂樹
JKK会長　岡本　尚子
井門観光研究所　井門　隆夫
株式会社てっぺん　大嶋　啓介
株式会社FiBlink　井上　敬一

実行委員長　塚島　英太
副実行委員長　中西　敏之
事務局長　君島　正憲

事務局
須藤　宏介／原　太一郎／石坂　亮介／長谷川　智丈／岡田　和也／岡田　泰典／山田　圭祐／佐々木　慎太郎／森　義斉／全旅連青年部事務局　井上　明子／各委員会より副委員長1名
【業務内容】
・大会概要作成　・予算作成と執行　・プレゼン内容作成　・募集要項作成　・審査員検討ならびに審査方法作成　・スポンサー募集内容作成　・一次審査　・大会進行ならびに会場演出　・記録誌画像とりまとめ　・各関係機関との調整

【総務部会】
実行委員会担当：中西／石坂
担当委員会：総務委員会
政策実現委員会
○観客動員の集計
○決勝受付 / 来賓アテンド
○懇親会受付

【広報部会】
実行委員会担当：須藤／原
担当委員会：広報委員会
○メディアプレス
○スポンサー広告

【財務部会】
実行委員会担当：古川／岡田和
担当委員会：財務委員会
旅館アカデミー委員会
○スポンサー/サポーター募集
○入金管理

【大会登録・動員担当責任者】

濱野　清正（北海道ブロック長）　／　杣谷　徹也（東北ブロック長）
齊藤　忠政（北関東信越ブロック長）／　村山　勝（首都圏ブロック長）
諸川　大（東海ブロック長）　／　山野　聡仁（北陸ブロック長）
谷向　哲也（近畿ブロック長）　／　中島　伸之（中国ブロック長）
井上　裕士（四国ブロック長）　／　林　恭一郎（九州・沖縄ブロック長）
青年部 OB 会
・ブロックから各都道府県部長を通じ青年部員への積極的な動員
※旅館甲子園　大会エントリー呼掛け　※旅館甲子園決勝大会への動員
※実行委員会への参加　※各都道府県青年部との窓口等

【アドバイザー部会】

実行委員会担当：君島・石坂
渡邉　玲緒（総務・研修担当副部長）
塚島　英太（財務・組織担当副部長）
鈴木　治彦（政策担当副部長）
関口　征治（労務・研修担当副部長）
木村　大成（IT 研修担当副部長）
丸山　智彦（インバウンド・流通事業担当副部長）
宮澤　知晴（第 2 回旅館甲子園実行委員長）
塚島　英太（第 3 回旅館甲子園実行委員長）
※旅館甲子園エントリー呼掛け
※旅館甲子園への動員
※実行委員会への進言
※各委員会への窓口

【集計部会】

実行委員会担当：山田
担当委員会：インバウンド・流通対策委員会
監事・相談役
○決勝採点集計サポート

【会場部会】

実行委員会担当：長谷川／古川
担当委員会：労務改革委員会
IT ソリューション開発
○資料袋詰め
○会場設営
○ブース設営

【懇親会部会】

実行委員会担当：大野／大将
担当委員会：組織・強化変革委員会、財務委員会
○懇親会会場手配
○懇親会進行
○懇親会受付
○誘導
○当日のサポーター受付

第４回　旅館甲子園　実行委員会組織図

【歴代大会会長】
横山　公大
山口　敦史
桑田　雅之
【監事】
川野　耕太・谷口　栄司
【常任相談役】
阿部　尚樹・宮澤　知晴・永井隆幸

大会　会長
第 23 代青年部長
西村　総一郎

【審査委員会】

審査委員長　　1名
審査員　　　　５名
　　　合計６名

実行委員長　　菅野　豊臣
副実行委員長　君島　正憲
事務局長　　　長谷川　智丈

事務局
石坂　亮介／草野　昭大／中野　吉規／山田　圭祐／大野　昌帝／古川　拓也／菅原真太郎／大将伸介／井辺　義直／全旅連青年部事務局　井上明子／各委員会より副委員長1名
【業務内容】
・大会概要作成　・予算作成と執行　・プレゼン内容作成　・募集要項作成　・審査員検討ならびに審査方法作成　・スポンサー募集内容作成　・一次審査　・大会進行ならびに会場演出　・記録誌画像とりまとめ　・各関係機関との調整

【総務部会】
実行委員会担当：君島／菅原
担当委員会：総務広報委員会
旅館アカデミー委員会
インバウンド・流通対策委員会
IT ソリューション委員会
政策プロモーション委員会
○観客動員の集計
○決勝受付 / 来賓アテンド
○懇親会受付

【広報部会】
実行委員会担当：草野
担当委員会：総務広報委員会
○メディアプレス
○スポンサー広告

【財務部会】
実行委員会担当：石坂／中野
担当委員会：財務委員会
旅館アカデミー委員会
○スポンサー・サポーター募集
○入金管理

宿の次代創造委員会（令和元年 12 月 5 日作成）

【大会登録・動員担当責任者】

桑島　敏彦（北海道ブロック長）　／　安田　実（東北ブロック長）
片岡　孝夫（北関東信越ブロック長）／　海老原　秀一（首都圏ブロック長）
井ノ下　雄志（東海ブロック長）　／　山下　幸一（北陸ブロック長）
上村　雄二郎（近畿ブロック長）　／　山田　昭貴（中国・四国ブロック長）
﨑元　秀紀（九州・沖縄ブロック長）
青年部 OB 会
・ブロックから各都道府県部長を通じ青年部員への積極的な動員
　※旅館甲子園　大会エントリー呼掛け　※旅館甲子園決勝大会への動員
　※統括部会への参加　※各都道府県青年部との窓口等

【アドバイザー部会】

統括部会担当：石坂・森
田辺　大輔（総務広報担当副部長）
山本　享平（財務・組織担当副部長）
星　永重（政策担当副部長）
照井　貴博（労務研修担当副部長）
大平　修司（流通事業担当副部長）
塚島　英太（第 3 回旅館甲子園実行委員長）
菅野　豊臣（第 4 回旅館甲子園実行委員長）
※旅館甲子園エントリー呼掛け
※旅館甲子園への動員
※実行委員会への進言
※各委員会への窓口

【集計部会】

担当：流通・インバウンド委員会
○決勝採点集計サポート

【会場部会】

担当：政策委員会
○資料袋詰め
○会場設営・誘導

【懇親会部会】

担当：組織・魅力向上委員会
○懇親会会場手配
○懇親会進行

第５回　旅館甲子園　統括部会組織図（案）

【歴代大会会長】
横山　公大
山口　敦史
桑田　雅之
西村総一郎
【監事】
渡邉　玲緒・木村　大成
【常任相談役】
菅野　豊臣・川野　耕太・林　恭一郎

大会　会長
第24代青年部長
鈴木　治彦

統括部会長　塚島　英太
副統括部会長　石坂　亮介
事務局長　森　義斉

事務局
宿の次代創造委員会

【業務内容】
・大会概要作成　・予算作成と執行　・プレゼン内容作成　・募集要項作成　・審査員検討ならびに審査方法作成　・スポンサー募集内容作成　・一次審査　・大会進行ならびに会場演出　・記録誌画像とりまとめ　・各関係機関との調整

【審査委員会】

審査委員長　1名
審査副委員長　1名
審査員　6名
合計８名程度予定

【総務部会】
担当：労務委員会
◯観客動員の集計
◯決勝受付 / 来賓アテンド
◯懇親会受付

【広報部会】
担当：総務広報委員会
◯メディアプレス
◯スポンサー広告

【財務部会】
担当：財務桃太郎委員会
◯スポンサー・サポーター募集
◯入金管理

[著者紹介]

桑原才介（くわばら・さいすけ）

外食産業コンサルタント。株式会社クワケン（桑原経営研究所）代表取締役。早稲田大学文学部中退後、ホテル、レストランでの実践を経て、多くの商業飲食施設の開設に携わる。外食産業におけるトレンド分析、業態開発の第一人者として、日経新聞を中心に、経済誌・業界誌に寄稿してきた。
著書に『繁盛する店が美味しいのだ』（商業界）、『六本木高感度ビジネス』（洋泉社）、『「都市ごころ」を読め』（ＴＢＳブリタニカ）、『吉祥寺　横丁の逆襲』『紹興酒革命！ 100%原酒に挑む男』（言視舎）、『居酒屋甲子園の奇跡』（筑摩書房）などがある。

装丁………長久雅行
DTP 制作………勝澤節子
編集協力………田中はるか

輝く人・輝く宿が日本を元気にする
磨き合う　旅館甲子園

発行日❖2020 年 9 月 30 日　初版第 1 刷

著者
桑原才介
発行者
杉山尚次
発行所
株式会社言視舎
東京都千代田区富士見 2-2-2 〒 102-0071
電話 03-3234-5997　FAX 03-3234-5957
https://www.s-pn.jp/
印刷・製本
モリモト印刷㈱

ISBN978-4-86565-177-5 C0036

言視舎刊行の関連書

978-4-86565-168-3

紹興酒革命！ 100％原酒に挑む男

「町中華」に注目が集まりブームの兆し。そこで不可欠なのが紹興酒！紹興酒の品質を一貫して追究してきた本書の主人公・石滋成。日本で唯一、年代のブレンドをしない「原酒100％」商品を実現した男の物語。

桑原才介著

四六判並製　定価1600円＋税

978-4-86565-161-4

奇跡の居酒屋 たいこ茶屋

危機を乗り切る「家族力」

浅草橋、朝の名物「ガッツおじさん」が語る波瀾＆感動の半生！　板前修業を経て独立、成功するも、バブル崩壊で一転倒産の危機。困難を突破して再生した「たいこ茶屋」繁盛と独自の歩み、強さの秘密を公開。繁盛店をつくり方。

嵯峨完著

四六判並製　定価1000円＋税

978-4-905369-17-2

吉祥寺　横丁の逆襲

“街遊び”が10倍楽しくなる本

戦後直後の闇市からいまにいたるハモニカ横丁はじめ、吉祥寺にはさまざまな横丁があり、横丁が街に元気を与えている。徹底取材を経て、ファッション誌、ガイドブックにはまず載らない、街の濃い歴史、キーパーソンの物語を満載。

桑原才介著

四六判並製　定価1400円＋税

978-4-86565-134-8

増補改訂版　リクルートの伝道師（エヴァンジェリスト）が説く

図解 外食マーケティングの極意

これ1冊で外食産業の課題と未来がわかる。「変化」の本質は、業界初「大規模消費者調査・データ」からみえてくる。「街×ターゲット×シーン」マーケティングにより、「外食する人びと」11タイプ、「一人十色」等、即効性のツールを提供。

竹田クニ著

A5判並製　定価1800円＋税